Florian Moser
Kathrin Schragl-Fouchal
Birgit Walthall

sprachreif 4

Deutsch Oberstufe

Beratung: Herbert Staud

www.oebv.at

So arbeiten Sie mit sprachreif

Auf einigen Seiten im Buch finden Sie **Online-Codes**. Diese führen Sie zu Lösungen, weiteren Informationen oder Aufgaben. Geben Sie den Code einfach in das Suchfeld auf www.oebv.at ein.

Start in ein Kapitel

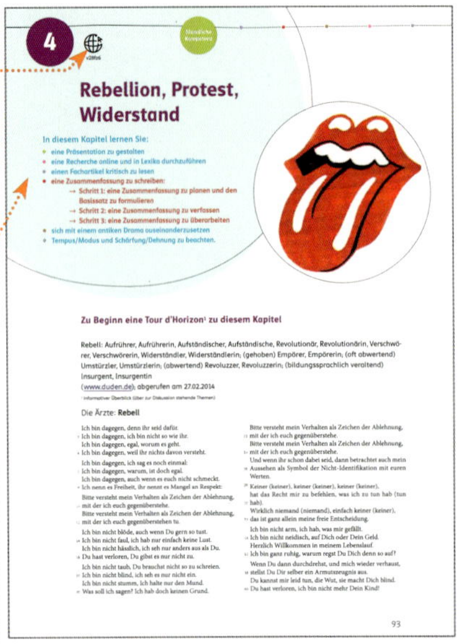

Der **Kapiteleinstieg** zeigt Ihnen, was Sie erarbeiten werden, gegliedert nach den sechs Kompetenzbereichen: Mündliche Kompetenz, Textkompetenz, Schriftliche Kompetenz, Literarische Bildung, Mediale Bildung, Sprachreflexion.

klarer Seitenaufbau

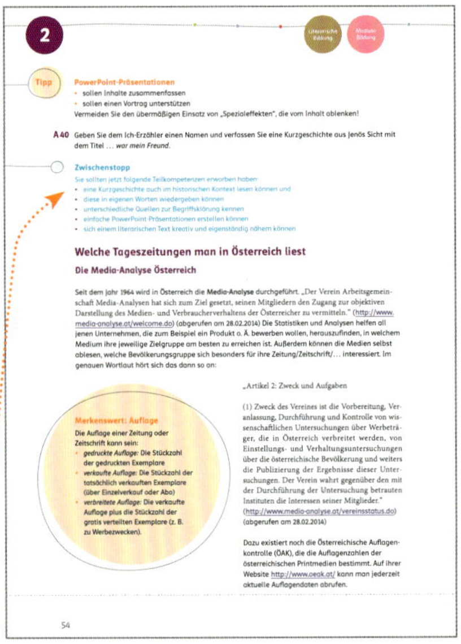

In der **Kopfleiste** finden Sie die Kompetenzbereiche pro Seite angeführt.
Tipps geben Ihnen Hilfestellung und Anregungen.
Zwischenstopps fassen die erarbeiteten Teilkompetenzen übersichtlich zusammen.

Auf dem Weg zur Matura: In drei Schritten die Maturatextsorten erarbeiten (Wiederholung)

Schritt 1: Planen

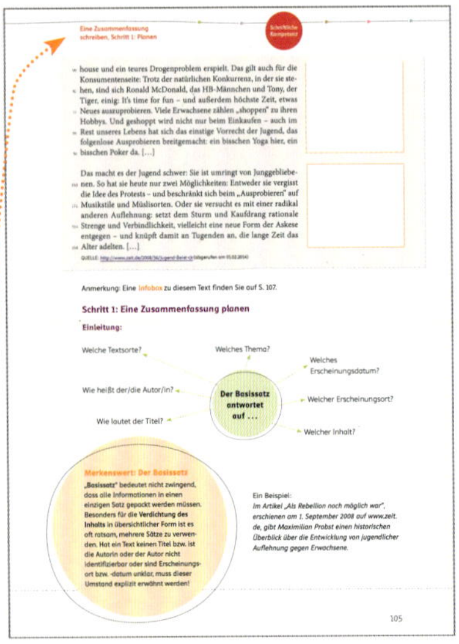

Schritt 2: Verfassen

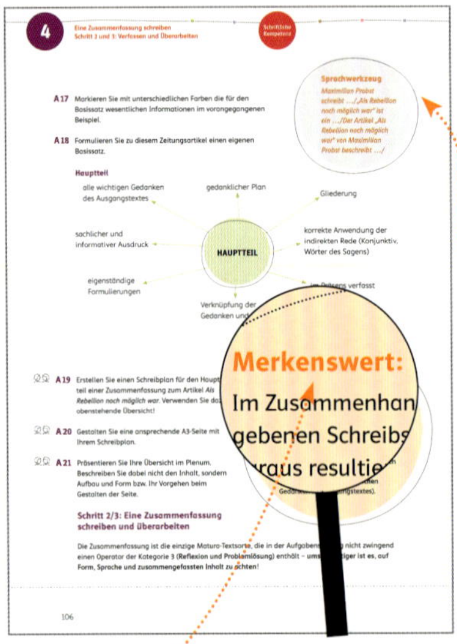

Schritt 3: Überarbeiten

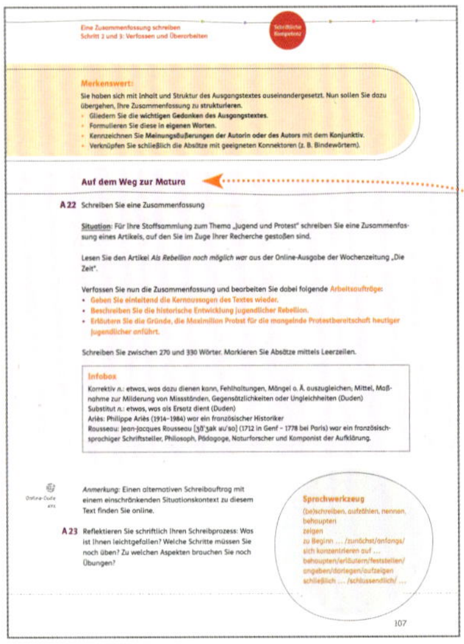

Jede **Maturatextsorte** wird in drei Schritten angeleitet und trainiert. So wird Ihre Schreibkompetenz von der 5. Klasse bis zur Matura schrittweise aufgebaut.

Merkenswerte Inhalte sind gelb hervorgehoben.

Sprachwerkzeug bietet Ihnen wichtige Hilfestellung bei der Erarbeitung.

Innerhalb der drei Schritte folgt eine Aufgabenstellung, die bereits dem **Maturaformat** entspricht. So üben Sie Schritt für Schritt auf dem Weg zur Matura.

Mündliche Kompetenz | Textkompetenz | Schriftliche Kompetenz | Literarische Bildung | Mediale Bildung | Sprachreflexion

Zusammenfassung

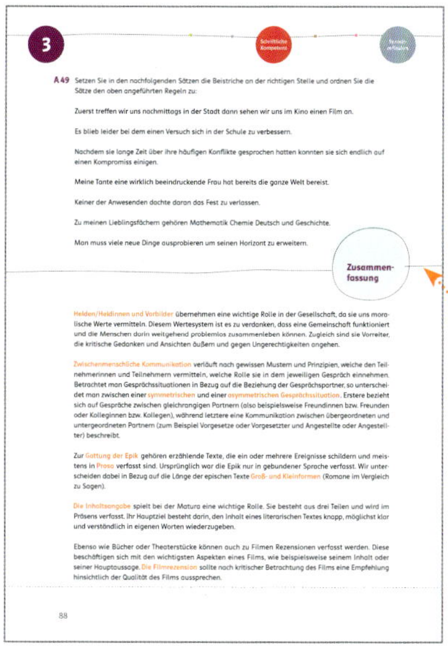

Nach dem Erarbeiten der sechs Kompetenzbereiche wird das Wesentliche zur Wiederholung **zusammengefasst**.

Kompetenzcheck

Jedes Kapitel endet mit einem **Kompetenzcheck**, der eine mündliche Matura-Aufgabe enthält.

Sonderseiten

Zwischen den Hauptkapiteln finden Sie drei **Sonderseiten** z. B. zur VWA, zu neuen Formen der Dramatik und Epik.

Zum Üben und Nachschlagen

sprachreif – reif für die Matura

Symbole:

- Partnerarbeit
- Gruppenarbeit
- Verweis auf eine Online-Aufgabe
- Verweis auf einen Film
- Verweis zu vertiefenden Übungen ins Arbeitsheft

Inhalt

1

ba7fi3

Mündliche Kompetenz

(Un)mögliche Sprache

In diesem Kapitel lernen Sie:

- über mögliche Bedeutung(en) hinter Nonsense-Lautgedichten nachzudenken
- sich über (Un)Möglichkeiten in der Sprache in Hinblick auf Sprache und Medien Gedanken zu machen bzw. diese kritisch zu hinterfragen
- eine Erörterung sowie einen Kommentar zu verfassen
- darüber nachzudenken, wie „Literatur nach Auschwitz“ überhaupt möglich war; mit „missbrauchter“ Sprache umzugehen
- den Einfluss der Medien auf die Veränderung von Sprache zu erfassen sowie unterschiedliche Ausdrucksweisen kritisch zu bewerten
- unterschiedliche Register, besonders die österreichische Standardsprache, richtig zu verwenden

Gadji beri bimba

Hugo Ball: **Gadji beri bimba**

gadji beri bimba glandridi laula lonni cadori
gadjama gramma berida bimbala glandri galassassa laulitalomini
gadji beri bin blassa glassala laula lonni cadorsu sassala bim
gadjama tuffm i zimzalla binban gligla wowolimai bin beri ban
o katalominai rhinozerossola hopsamen laulitalomini hoooo
gadjama rhinozerossola hopsamen
bluku terullala blaulala loooo

zimzim urullala zimzim urullala zimzim zanzibar zimzalla zam
elifantolim brussala bulomen brussala bulomen tromtata
velo da bang band affalo purzamai affalo purzamai lengado tor
gadjama bimbalo glandridi glassala zingtata pimpalo ögrögöööö
viola laxato viola zimbrabim viola uli paluji malooo

tuffm im zimbrabim negramai bumbalo negramai bumbalo tuffm i zim
gadjama bimbala oo beri gadjama gaga di gadjama affalo pinx
gaga di bumbalo bumbalo gadjamen
gaga di bling blong
gaga blung

„Mit diesen Tongedichten wollten wir verzichten auf eine Sprache, die verwüstet und unmöglich geworden ist durch den Journalismus. Wir müssen uns in die tiefste Alchemie des Wortes zurückziehen und selbst die Alchemie des Wortes verlassen, um so der Dichtung ihre heiligste Domäne zu bewahren …“[1]

A1 Lesen Sie gemeinsam mit Ihrer Partnerin bzw. Ihrem Partner das obenstehende Zitat sowie das Lautgedicht des Schweizer Dadaisten[2] Hugo Ball. Überlegen Sie dann, ob vielleicht doch eine Bedeutung hinter dem scheinbaren Nonsense-Gedicht stecken könnte.

Rollenklischees in der Sprache digitaler Übersetzungsprogramme

A2 Lesen Sie den Text *Google und die Frau am Herd* und unterstreichen Sie wichtige Schlüsselstellen. Erstellen Sie dann eine Tabelle mit den im Text genannten „Übersetzungsfehlern“ und fügen Sie eigene Beispiele, die Sie in den Google Translator eingeben, hinzu.

Google und die Frau am Herd

Von Eva Wolfangel | 13.07.2017

Digitale Übersetzungsprogramme stecken voller Tücken: Weshalb künstliche Intelligenz anfällig ist für Rassismus, Rollenklischees und Vorurteile.

Dieser Emmanuel Macron! Dankt am Abend seines Wahlsieges seinen „amerikanischen Mitbürgern“ für ihr Vertrauen! Wer Macrons Tweet vom 7. Mai las, der musste sich wundern – jedenfalls hierzulande und in Amerika. In der automatischen Übersetzung, die Twitter deutschen Nutzern anbot, war von „tiefer Dankbarkeit“ gegenüber den „amerikanischen Mitbürgern“ die Rede. Auch in den USA wurde Macrons Anrede „*mes chers compatriotes*“ als „*my fellow Americans*“ übersetzt. Dabei bedeutet *compatriotes* im Französischen schlicht „Mitbürger“. Über Amerikaner hatte Macron kein Wort verloren. Wie Twitter nur darauf kam?

Das scheinbare Rätsel ist ein Glücksfall. Zumindest für Joanna Bryson. Just drei Wochen zuvor hatte die Spezialistin für maschinelles Lernen von der University of Bath in der Forschungszeitschrift *Science* vor solchen Fällen gewarnt. In ihrem Artikel hatte Bryson beschrieben, wie sprachverarbeitende Algorithmen lernen, und kritisiert, dass diese dabei die unbewussten (Vor-)Urteile der Menschen übernähmen. Anders gesagt: Auch künstliche Intelligenz hat Schlagseite.

Doch die brisante These vom vorurteilsbeladenen Computer erregte kaum Aufmerksamkeit. Stattdessen schlug Bryson Skepsis entgegen. Wo denn die Beispiele aus dem echten Leben seien, wurde sie immer wieder gefragt – bis zu Macrons Tweet. Seither sind die Kritiker verstummt. „Das ist ein super Beispiel für unsere neueste Forschung über maschinelle Sprachverarbeitung“, sagt Bryson.

Zwei Techniken sind es, die auf dramatische Art und Weise die Fähigkeit von Computern verbessert haben, Bilder oder Sprache zu „verstehen“. Maschinenlernen (kurz: ML) nennt sich die eine Technik, die darauf hinausläuft, dass Computer sich selbst etwas beibringen, indem sie in großen

[1] http://www.thokra.de/html/ball_1.html#a12; (abgerufen am 24.07.2017)

[2] Dada bzw. Dadaismus: 1916 gegründete literarische Bewegung, die herkömmliche Kunst ablehnte und sie auch parodierte

Datensätzen nach Mustern suchen. Die zweite hört auf den Namen tiefe neuronale Netze (*deep neural networks*, DNN); diese versuchen, die Arbeitsweise des Gehirns mit seinen vielfältigen Verbindungen in einer Software zu imitieren. Beide Techniken laufen darauf hinaus, dass Computer auf ähnliche Art lernen, wie es vermutlich auch Menschen tun. Damit aber, so hat Joanna Bryson zusammen mit der Informatikerin Aylin Caliskan von der Princeton University gezeigt, schnappen die Maschinen auch allerhand typisch menschliche Vorurteile, Stereotype und diskriminierende Ansichten auf.

Wie genau die neuronalen Netze jeweils zu ihren Schlüssen kommen, lässt sich kaum nachvollziehen. Für Forscher sind sie weitgehend eine Blackbox. Zumindest aber kann man ihnen beim Lernvorgang zusehen. Füttert man eine Maschine mit Texten, damit sie sich daraus die menschliche Sprache erschließt, geht sie nach Byrons Theorie ganz ähnlich vor wie kleine Kinder: Die lernen keine Definitionen, sondern versuchen, die Bedeutung von Wörtern und Sätzen aus dem Zusammenhang zu erfassen. Je mehr Vergleichstext vorliegt, desto besser. Für die Maschinen ist dank des Internets der Nachschub quasi endlos – das lädt aber auch zu Fehlschlüssen ein.

So hätten frühere, regelbasierte Verfahren für Computerdolmetscher etwa das Wort *compatriotes* wörtlich übersetzt (es existiert sogar buchstaben- und sinngleich im Englischen). Dagegen sucht die neue Technik nach einer Bedeutung, indem sie große Datenmengen vergleicht. Sie erzeugt sozusagen Semantik per Statistik. Und statistisch gilt für die Mehrheit aller Präsidentenansprachen: Wenn darin der Satz „Liebe XY, vielen Dank für Ihr Vertrauen“ vorkommt, steht XY meist für die Wörter „*fellow Americans*“, amerikanische Mitbürger. Denn fast jede Rede eines US-Präsidenten beginnt mit dieser Floskel.

Schlecht bezahlte Jobs werden automatisch Frauen zugeordnet, gut bezahlte Männern

Bliebe es bei solchen gelegentlichen Kuriositäten, könnte man diese den Maschinen noch nachsehen. Denn insgesamt ist die maschinelle Übersetzung deutlich besser geworden. Aber hier geht es um mehr. Und ein Blick in die Vorurteilsforschung hilft, zu verstehen, was an der Sache heikel ist.

Um unbewusste Vorurteile bei Menschen zu untersuchen, bedienen sich Psychologen für gewöhnlich des sogenannten Implicit Associations Test (IAT). Dieser misst, wie lange ein Proband benötigt, um zwei Begriffe miteinander in Verbindung zu bringen. Kommen ihm deren Bedeutungen ähnlich vor, ist die Reaktionszeit kürzer, als wenn ihm die dahinterstehenden Konzepte semantisch inkompatibel erscheinen. So assoziieren Menschen etwa Blumennamen eher mit Adjektiven wie „schön“ oder „hübsch“, Insekten dagegen eher mit negativen Begriffen.

Informatiker können zeigen, dass Maschinen ganz ähnliche Assoziationen produzieren. Sichtbar werden sie im sogenannten Word-to-Vec-Verfahren, das Bryson gewissermaßen als maschinelle Variante des IAT nutzt. Dieses Verfahren ist üblich in der Computerlinguistik, um Semantik zu erfassen: Wörter werden danach sortiert, welche anderen Wörter häufig in ihrem Umfeld auftauchen. Klingt abstrakt? Ein Aufsatz von Wissenschaftlern der Boston University und Forschern bei Microsoft Research bringt das Problem schon im Titel auf den Punkt: *Man is to Computer Programmer as Women is to Homemaker* – „Mann verhält sich zu Programmierer wie Frau zu Haushaltshilfe“. Der im vergangenen Jahr veröffentlichte Aufsatz wird seit Monaten unter Computerlinguisten heftig diskutiert. Zeigt er doch, dass die Algorithmen nach der statistischen Auswertung menschlicher Texte ein altmodisches Rollenbild reproduzieren.

Anhand vieler solcher Beispiele haben Bryson und Caliskan untersucht, wie sich das Weltbild der Maschinen zusammensetzt. Sie fanden dabei unter anderem heraus, dass die künstliche Intelligenz Blumen ebenso wie europäisch-amerikanische Vornamen mit positiven Begriffen assoziiert, wohingegen Insekten genau wie afroamerikanische Namen eher mit negativen Begriffen verbunden werden. Die Namen junger Menschen werden eher als unangenehm eingestuft. Und vor allem: Männliche Namen werden semantisch automatisch in die Nähe von Karrierebegriffen gerückt, weibliche Namen hingegen eher mit Familie assoziiert. Ebenso wird Mathematik mehr mit Männern in Verbindung gebracht, Kunst mehr mit Frauen – die Maschinen denken also genauso in Rollenklischees wie

Menschen.

Nicht nur das ist Aylin Caliskan aufgefallen. [...] Die türkische Sprache kennt im Unterschied zum Deutschen und zum Englischen keine grammatikalischen Geschlechter. „*O bir doktor*“ kann ebenso „*Sie ist Ärztin*“ heißen wie „*Er ist Arzt*“. Bei Google Translate aber wird der *doktor* konsequent zum männlichen Arzt, Pflegeberufe hingegen werden stets Frauen zugeschrieben. Dass es auch Kranken*pfleger* gibt, scheint das Programm nicht zu wissen.

„Schlecht bezahlte Jobs werden Frauen zugeordnet, gut bezahlte Männern“, beschreibt Caliskan das maschinelle Muster. Damit reproduzierten die Computer „ein perfektes Abbild unserer Gesellschaft“ – mit all ihren Ungleichheiten. Nun stelle man sich vor, eine solche Software helfe zum Beispiel in einer Personalabteilung bei der Vorauswahl von Bewerbern für ein Vorstellungsgespräch. Was, wenn die künstliche Intelligenz alle Bewerberinnen für eine freie Arztstelle von vornherein aussortiert?

Wie schon heute unbewusste Verzerrungen durch Computer verstärkt werden, zeigt beispielhaft das *predictive policing*, eine Voraussagesoftware für Streifenpolizisten. Auf Basis der Kriminalitätsstatistik geben solche Programme den Beamten Hinweise, in welchen Stadtgebieten sie verstärkt Streife fahren sollen. Auch hier liefert die Statistik kein neutrales Abbild der Wirklichkeit. Gilt etwa eine Gegend als heißes Pflaster, werden Polizisten dort verstärkt nach dem Rechten sehen – und damit fast zwangsläufig auch häufiger Straftaten protokollieren. Damit schaffen sie Daten, auf deren Basis die Software in ebendiesen Gegenden eine noch größere Polizeipräsenz verlangt – was sich gegenseitig hochschaukelt.

[…] Denn Vorurteile, Verzerrungen und Ungerechtigkeiten erkennt erst, wer den Status Quo an einem gesellschaftlichen Ideal misst. Das müssten Menschen den Maschinen zuerst einmal vermitteln – in eindeutigen mathematischen Formeln. Was fehlt, sind also Formeln für Gerechtigkeit. Nur: Wie sollen die aussehen? Nehmen wir ein relativ simples Beispiel, nämlich dass Männer und Frauen auf dem Arbeitsmarkt gleiche Chancen haben sollen. Klingt ziemlich unstrittig. Doch woran soll ein Algorithmus „gleiche Chancen“ erkennen? Ist jede Gruppe ungleich, in der Frauen und Männer nicht fifty-fifty vertreten sind?

Noch einen Schritt weiter gedacht: Wie illusorisch erscheint es, soziale Verzerrungen algorithmisch ausgleichen zu wollen? Sollte zum Beispiel eine Software, die Bewerber automatisch für ein Vorstellungsgespräch auswählt, darauf achten, dass Männer und Frauen in der Auswahl genau gleich verteilt sind? Oder sollte sie sich an der Geschlechterverteilung aller Bewerbungen orientieren? Oder das Geschlecht gänzlich ausblenden? Und welche Faktoren müssen für eine gerechte Verteilung ebenfalls bedacht werden? Qualifikationen? Hautfarbe? Alter? – So schnell zerrinnt das vermeintlich simple Beispiel in einer langen Liste von Fragen.

[…]

QUELLE: DIE ZEIT N°29, 13. Juli 2017, S. 35

A3 Versuchen Sie, gemeinsam mit Ihrer Partnerin bzw. Ihrem Partner Antworten auf die am Ende des Textes (ab Zeile 195) gestellten Fragen zu finden.

A4 Diskutieren Sie anschließend Ihre Ergebnisse im Plenum oder veranstalten Sie einen runden Tisch zum Thema.

Tipp

Sie können auch eine geschlechtsspezifische Umfrage zum Thema in Ihrer Klasse oder in Ihrer Schule veranstalten. Wie bzw. inwiefern sehen die männlichen Mitschüler, Lehrer, Schulwarte oder auch ein Herr Direktor diese „Übersetzungsfehler“ anders als weibliche Mitglieder der Schulgemeinschaft? Ebenso können Sie den „Google-Sexismus“ auch zuhause mit ihren Eltern oder Geschwistern oder anderen Personen besprechen.

Geschlechtsneutralität in der Sprache ist möglich

A 5 Lesen Sie den Artikel *Weder er noch sie: Schwedens geschlechtsneutrales Pronomen „hen“* und diskutieren Sie anschließend in Vierergruppen darüber. Versuchen Sie dann, sich ein Äquivalent für das schwedische neutrale Pronomen „hen“ im Deutschen zu überlegen (also weder ein maskulines, noch ein feminines, noch ein neutrales Pronomen) und belegen Sie, wie Sie darauf gekommen sind. Anschließend präsentieren Sie Ihre Ergebnisse im Plenum.

Weder er noch sie: Schwedens geschlechtsneutrales Pronomen „hen“

KOPF DES TAGES von Noura Maan | 06.03.2016

Die Mischform kann verwendet werden, wenn das Geschlecht irrelevant oder unbekannt ist – und wenn Personen keinem Geschlecht zugeordnet werden wollen oder können.

Ist Kivi nun ein Bub oder ein Mädchen? Das war die brennende Frage, als 2012 in Schweden das Kinderbuch *Kivi und der Monsterhund* von Jesper Lundqvist erschien. Der Autor hatte die Hauptfigur mit dem Pronomen „hen“ bezeichnet: einer Mischform aus „han“ (er) und „hon“ (sie), die verwendet werden kann, wenn das Geschlecht irrelevant oder unbekannt ist – aber auch wenn Personen keinem Geschlecht zugeordnet werden wollen oder können. […] Die Inspiration kam aus dem Finnischen, wo – wie in einigen anderen Sprachen – bei den Pronomen kein Unterschied zwischen männlich und weiblich gemacht wird. […] Um die Jahrtausendwende wurde es dann vor allem von queer-feministischen Kreisen aufgegriffen, um die binäre Geschlechterordnung infrage zu stellen. Für große Aufregung sorgte das Pronomen aber durch Lundqvist, der mit der Verwendung in seinem Kinderbuch den Anstoß für eine tiefgreifende Debatte über Geschlechtersensibilität in Schweden lieferte. Einige warnten vor „jugendgefährdender Gender-Hysterie“, andere befürchteten die völlige Abschaffung der Kategorie Geschlecht in der schwedischen Gesellschaft. Die rechten Schwedendemokraten stellten klar, „hen“ nie verwenden zu wollen. Doch das Wort war bereits auf dem Vormarsch und verbreitete sich vor allem in Teilen der jungen und urbanen Bevölkerung. Auf diese Entwicklung reagierte man schließlich offiziell: Im April 2015 wurde „hen“ in die „Svenska Akademiens Ordlista“, vergleichbar mit dem Duden, aufgenommen. Eine Verpflichtung, es zu verwenden, gibt es freilich nicht. Heute findet man „hen“ täglich in Zeitungen, sieht es in Werbungen in öffentlichen Verkehrsmitteln. Auch Universitäten, Schulen

Merkenswert:
Tatsächlich kommen mehr als die Hälfte aller Sprachen dieser Welt ohne Genus, also ohne grammatikalisches Geschlecht, aus. Das bedeutet, dass diese Sprachen, zu denen u. a. Türkisch, Vietnamesisch, Baskisch, Thai, Koreanisch, Japanisch, Finnisch oder auch Ungarisch gehören, geschlechtergerecht konzipiert sind und so weder Femininum, Neutrum und/oder Maskulinum „diskriminieren“ (= unterscheiden). Aber natürlich sind dennoch Denkmuster vorhanden.

und Kindergärten setzen verstärkt auf den Gebrauch des Wortes. Oft erntet man dafür noch böse Blicke. Die große Debatte darüber ist aber verstummt. Ob so etwas auch im Deutschen möglich wäre? Im Gegensatz zur deutschen Sprache erkennt man im Schwedischen das Geschlecht nur am Pronomen, bei den meisten Hauptwörtern wird nicht zwischen männlicher und weiblicher Ausprägung unterschieden: Günstigste Voraussetzung also für eine Diskussion über gendergerechte Sprache, die sich nicht in Details verliert – und bei der klar ist, dass es mehr um ein politisches Statement geht als um Grammatik.

QUELLE: derstandard.at/2000032304223/Weder-er-noch-sie-Schwedens-geschlechtsneutrales-Pronomen-hen; (abgerufen am 24.07.2017)

Sprachwerkzeug: Sprechen Sie eine (möglichst) geschlechtsneutrale Sprache!

- Sprechen Sie auch im mündlichen Sprachgebrauch immer beide Geschlechter an: Liebe Professor/innen/Liebe Mitschüler/innen/Liebe Schulgemeinschaft/Liebe Lehrkräfte/etc.
- Versuchen Sie, Ihre seit Jahren eingelernten Sprachstrukturen kritisch zu hinterfragen: Welche geschlechtsneutralen Bezeichnungen fallen Ihnen z. B. statt „Krankenschwester", „Stewardess", „Kindergartentante", „Lehrerzimmer", „Buffetfrau" u. Ä. ein?
- Gehen Sie mit kritischem Auge an Zeitungsartikel, Übersetzungen, Film- und Musiktitel, Werbeplakate etc. heran. Wo sehen Sie selbst noch Verbesserungsmöglichkeiten?
- Auch Indefinitpronomen wie z. B. „jemand", „jeder", „keiner", „niemand" können Hinweise auf das Geschlecht handelnder Personen geben. Verwenden Sie stattdessen: alle, viele, manche Personen etc.

Zwischenstopp

Sie sollten jetzt folgende Teilkompetenzen erworben haben:

- verschiedene „Arten von Sprache" erkennen können
- sich kritisch mit Rollenklischees in der Sprache auseinandersetzen bzw. diese hinterfragen können
- über geschlechtsneutrale Sprache nachdenken

Die Erörterung

Merkenswert: Die wichtigsten Merkmale der Erörterung

In dieser schon seit der Unterstufe bekannten Maturatextsorte geht es darum, darzulegen, warum Sie für oder gegen einen bestimmen, oft **strittigen**, **Sachverhalt** sind. Dies geschieht, indem Sie **Pro- und Kontra-Argumente** entweder abwechselnd oder nacheinander abwägen und am Schluss Ihre eigene Meinung in einem Fazit zum Ausdruck bringen. Normalerweise schreiben Sie zwischen 540 und 660 Wörter.

Auf dem Weg zur Matura

Thema: Achtsamer(er) Umgang mit uns selbst – oft fehlen uns für uns selbst die Worte bzw. „wir haben keine Sprache/Worte für uns“

c2y4cy

A6 Verfassen Sie eine **Erörterung**.

Situation: Für einen Artikel in der Schülerzeitung über Achtsamkeit im Umgang mit sich selbst bzw. mit dem Finden der „richtigen“ Worte wurden Sie gebeten, eine Erörterung zum Thema zu verfassen.

Hören Sie sich eine oder mehrere Folgen dieser „Achtsamkeit im Umgang mit sich selbst“-Audio-Podcasts an (wählen Sie die Folgen, deren Titel Sie am meisten anspricht!) und bearbeiten Sie folgende Arbeitsaufträge:

- **Fassen Sie die Inhalte der Podcast-Folge zusammen.**
- **Erörtern Sie davon ausgehend die Sinnhaftigkeit der Beschäftigung mit dem eigenen Selbst.**
- **Nehmen Sie eindeutig und begründet Stellung, ob und in welcher Form Sie den achtsamen Umgang mit sich selbst empfehlen können und warum (nicht).**

– „Happy, holy & confident. Dein Podcast fürs Herz und den Verstand“ by Laura Malina Seiler: https://itunes.apple.com/de/podcast/happy-holy-confident.-dein/id1091677215?l=en&mt=2

Schreiben Sie zwischen 405 und 495 Wörter. Markieren Sie Absätze mittels Leerzeilen.

Auf dem Weg zur Matura

Thema: Weder er noch sie: Geschlechtsneutrale Pronomen in Kindergärten und Schulen

A7 Verfassen Sie eine **Erörterung**.

Situation: Als Vorbereitung auf einen gender sensitivity-Tag an Ihrer Schule lesen Sie mehrere Artikel zum Thema, unter anderem auch *Weder er noch sie: Schwedens geschlechtsneutrales Pronomen „hen“* in der österreichischen Tageszeitung Der Standard.

Lesen Sie den Artikel von S. 10 sowie den Artikel *Geschlechtsneutrale Sprache: „Sehr geehrtx Profx“* aus der österreichischen Tageszeitung Die Presse. Verfassen Sie dann eine Erörterung und bearbeiten Sie dabei folgende Arbeitsaufträge:

- **Geben Sie die für Ihre Argumentation wesentlichen Aspekte der Ausgangstexte wieder.**
- **Analysieren Sie, auch unter Einbeziehung eigener Überlegungen, die Vor- und Nachteile einer komplett geschlechtsneutralen Sprache.**
- **Beurteilen Sie aufgrund dessen die Sinnhaftigkeit einer solchen Sprache und nehmen Sie eindeutig dazu Stellung.**

Schreiben Sie zwischen 540 und 660 Wörter. Markieren Sie Absätze mittels Leerzeilen.

Geschlechtsneutrale Sprache: „Sehr geehrtx Profx."

Von Rosa Schmidt-Vierthaler | 18.11.2014

Lann Hornscheidt hat eine Professur für Gender Studies und will geschlechtsneutral angesprochen werden. Das sorgt für große Empörung.

Wenn man auf der Homepage der Berliner Humboldt-Universität nach Lann Hornscheidt sucht, findet man manches, das erstaunt. So sind dort etwa die Mitarbeitx von Hornscheidt angegeben, und hier handelt es sich um keinen Tippfehler. Denn Hornscheidt will Geschlechterzuschreibungen vermeiden, weshalb man bei der Anrede auch darauf achten soll, „Sehr geehrtx Profx. Lann Hornscheidt" zu schreiben und alle Ansprachen, die sich klar auf Männer oder Frauen beziehen („zweigendernd") wie „Herr", „Frau", „Lieber", oder „Liebe" zu vermeiden.

Status	Prof.
E-Mail	lann.hornscheidt (at) hu-berlin.de
Homepage	http://www.lannhornscheidt.com/
Einrichtung (OKZ)	Kultur-, Sozial- und Bildungswissenschaftliche Fakultät → weitere Wissenschaftliche Einrichtungen → Zentrum für Transdisziplinäre Geschlechterstudien → Skandinavistische Linguistik und Gender Studies
Funktion / Sachgebiet	Professorin für Gender Studies und Sprachanalyse
Sitz	Georgenstraße 47 , Raum 1.37
Telefon	(030) 2093-46211
Fax	(030) 2093-46215
Postanschrift	Unter den Linden 6, 10099 Berlin

Professx für Gender Studies und Sprachanalyse am Zentrum für Transdisziplinäre Geschlechterstudien

Wollen Sie mit Profx. Lann Hornscheidt Kontakt aufnehmen? Achten Sie bitte darauf, Anreden wie **"Sehr geehrtx Profx. Lann Hornscheidt"** zu verwenden.

Bitte **vermeiden** Sie alle zweigendernden Ansprachen wie "Herr ___", "Frau ___", "Lieber ___", oder "Liebe

Hornscheidt hat eine Professur für Gender Studies und Sprachanalyse und es scheint, als hätte Hornscheidt die Forschung auf sich selbst ausgedehnt. Denn seit ein Screenshot der Uni-Seite mit der Bitte nach geschlechtsneutraler Anrede auf Facebook geteilt wurde, bietet eine Welle der Empörung gute Einblicke.

Was Hornscheidt befürwortet, ist eine geschlechtsneutrale Sprache, mit der sich auch alle identifizieren können, die sich nicht als Mann oder Frau betrachten. Der Vorschlag: Eine „x"-Form, die geschlechtsspezifische Endungen aufhebt (etwa: „Einx zuständigx Expertx"). Hornscheidt betont freilich, dass das lediglich Vorschläge seien, keine Forderungen.

„Abartig" und „geisteskrank"

Der Vorschlag kann einen bestimmt zum Schmunzeln bringen, er ist ja sehr fern der Realität. Welche Wortmeldungen allerdings auf Facebook dazu folgten, ist nicht zum Schmunzeln. Ein aufgebrachter Facebook-Leser empfahl zum Beispiel, Hornscheidt einschläfern zu lassen, wie die FAZ berichtet. Auch von „abartig" und „geisteskrank" war die Rede. Der Humboldt-Universität wurde die Daseinsberechtigung ebenso abgesprochen wie Hornscheidt.

Als der Leitfaden im Frühjahr 2014 erschien, bekam Hornscheidt offenbar Morddrohungen, Schlachtungsphantasien und Vergewaltigungsabsichten geschickt. Dass auf Gender-Themen derart heftig reagiert wird, ist leider keine Überraschung. Auch wenn Zeitungen in ihrer Berichterstattung Themen berühren, die mit dem Thema Gender zu tun haben, tauchen regelmäßig sehr unappetitliche, radikale Formulierungen und Vorschläge auf. Woher kommt all diese Wut? Das ist ein Thema, das Hornscheidt bestimmt gut analysieren könnte. Das ist eine Frage, die zu Hornscheidts derzeit laufender Lehrveranstaltung „Wut als intervenierende Handlung" passt. Vielleicht liefert uns der Fall einen guten Einblick.

QUELLE: http://diepresse.com/home/bildung/universitaet/4597788/Geschlechtsneutrale-Sprache_Sehr-geehrtx-Profx; (abgerufen am 05.08.2017)

Der Kommentar

Merkenswert: Die wichtigsten Merkmale des Kommentars

Bei dieser **meinungsbetonten journalistischen Textsorte** geht es nicht darum, wertfrei zu bleiben bzw. so objektiv wie möglich zu argumentieren, sondern man drückt subjektiv seine **eigene Meinung** aus und vertritt diese auch. Ein Kommentar dient nicht rein der Information, sondern man möchte ein Geschehen, Vorkommnisse oder besondere Umstände **bewerten** und einzuordnen versuchen. Die Leser/innen sollen zum Nachdenken angeregt und auch zum Handeln aufgefordert werden, man möchte sie mit dem Kommentar aufrütteln und ihnen Argumente vorlegen.

Auf dem Weg zur Matura

Thema: Brauchen wir das scharfe „ß“?

A 8 Verfassen Sie einen **Kommentar**.

Situation: Der Rat der deutschen Rechtschreibung bittet SchülerInnen aus Österreich, Deutschland und der Schweiz um die Mitarbeit bei sanften Rechtschreibreformen. Sie haben den Artikel *Großes ß: Der heikle Job der Sprachpolizei* in der österreichischen Wochenzeitschrift profil gelesen und ihn sehr interessant gefunden. So entschließen Sie sich, einen Kommentar dazu zu verfassen.

Lesen Sie den folgenden **Zeitungsartikel**.

Verfassen Sie nun den Kommentar und bearbeiten Sie dabei die folgenden Arbeitsaufträge:
- **Fassen Sie den Inhalt des Artikels kurz zusammen.**
- **Legen Sie Ihre Meinung zur ß-Schreibung bzw. zu den Unterschieden in den einzelnen deutschsprachigen Ländern sowie zu Orthografie-Reformen generell dar.**
- **Appellieren Sie an Ihre Leserinnen und Leser, sich Ihrer Meinung anzuschließen.**

Schreiben Sie zwischen 405 und 495 Wörter. Markieren Sie Absätze mittels Leerzeilen.

Großes ß: Der heikle Job der Sprachpolizei

Von Franziska Dzugan | 27.07.2017

Der Rat der deutschen Rechtschreibung hat kürzlich die deutsche Orthografie sanft reformiert. Wo aber versteckt sich das große scharfe ß auf der Computertastatur? Ist „Mayonnaise“ wirklich besser als „Majonäse“? Und warum dürfen wir nicht mehr „Roulett“ spielen? 9 Fragen zum heiklen Job der Sprachpolizei.

Linguisten sind immer auf der Pirsch, auch wenn das Hirschgulasch schon fertig vor ihnen auf dem Teller liegt. Serviert der Kellner dazu einen Apfelsaft, auf dessen Flasche in Versalien das Wort „FRUCHTSÜẞE!“ prangt, ist das definitiv ein guter Tag für einen Sprachwissenschafter. Die

Dessertkarte birgt ebenfalls Glücksmomente: „WALDBEERKOMPOTT mit WEIẞER SCHOKOLADE". Dann erreicht ihn womöglich noch die Einladung eines Kollegen zur Vortragsreihe „LUTHERS GROẞES ERBE". Den perfekten Ausklang liefert der „ARD-Report" mit der Einblendung „Nikola Poposki, AUẞENMINISTER MAZEDONIEN".

Im Fadenkreuz des peniblen Buchstabenjägers: das große scharfe ß, das es eigentlich noch gar nicht gibt. Wer schreibt es wie? Groß? Klein? Oder streng nach Vorschrift, ersetzt durch ein Doppel-S? Die Beute des Linguisten landet schließlich, fein säuberlich abfotografiert und geordnet, im Archiv des Rats für deutsche Rechtschreibung. Nach zehn Jahren intensiver Jagd- und Sammeltätigkeit zahlreicher deutschsprachiger Linguisten und anderer Sprachbegeisterter verkündete der Ratsvorsitzende Josef Lange vergangenen Juni, die Verwendung des Großbuchstabens „ẞ" sei neben „SS" ab sofort erlaubt. Der oberste Sprachpolizist aus Mannheim hat keine geringere Aufgabe, als den „Sprachfrieden" zu erhalten.

WELCHE AUFGABE HABEN SPRACHPOLIZISTEN?

Arbeiten, und zwar als Linguist, Lehrer, Schriftsteller, Verleger oder Journalist. Die Sprachbeobachtung ist für die meisten Ratsmitglieder ein Ehrenamt. Jutta Ransmayr ist Sprachwissenschafterin am Austrian Centre for Digital Humanities der Österreichischen Akademie der Wissenschaften (ÖAW), Lehrerin in einem Gymnasium und Ratsmitglied. Ihr Institut liefert Schreibanalysen aus Österreich nach Mannheim, und zwar aus der Datenbank „Austrian Media Corpus". Darin finden sich sämtliche digital verfügbaren Pressemeldungen der Austria Presse Agentur, fast alle Inhalte der Tages- und Wochenzeitungen sowie Transkripte österreichischer TV-Nachrichtensendungen.

WIE ENTSCHEIDET DER RECHTSCHREIBRAT?

Bei ihren halbjährlichen Sitzungen diskutierten die 39 Mitglieder aus Deutschland, Österreich, der Schweiz, Liechtenstein, Südtirol und der Deutschsprachigen Gemeinschaft Belgiens sehr sachlich, berichtet Linguistin Ransmayr. Eigentlich könnte man meinen, das Gremium in Mannheim stelle die Regeln auf, und der Rest der Welt halte sich daran. Tatsächlich ist es in den meisten Fällen umgekehrt. In Arbeitsgruppen diskutiert der Rat, wie die Welt draußen die Orthografieregeln anwendet – und passt sie gegebenenfalls der Praxis an. Der Großbuchstabe ẞ wurde erlaubt, „weil er insbesondere für die korrekte Schreibung von Eigennamen in Pässen wichtig ist", so der Rat.

WIE FINDET MAN EIN GROSSES SCHARFES SS AUF DER TASTATUR?

Bisher gar nicht. Auf dem PC erzeugt man den Buchstaben, indem man Alt Gr, Shift und ß drückt. Mac-Usern bleibt nur die Möglichkeit, eine bestimmte Zeichenkombination für den Buchstaben festzulegen oder ihn aus dem Internet zu kopieren.

Im Deutschen Institut für Normung (DIN) berät man derzeit über den künftigen Platz des großen scharfen ẞ auf der Tastatur. Dem deutschen Hersteller Cherry zufolge dürfte es wohl keine zusätzliche Taste geben, das Grad-Symbol am linken Rand neben der Ziffer eins könnte dem ẞ aber möglicherweise weichen. Oder es kommt als Trittbrettfahrer unter – wie 1999 das Euro-Zeichen €, das nach langer Diskussion schließlich Unterschlupf beim E fand.

WOZU BRAUCHEN WIR DAS SCHARFE SS ÜBERHAUPT?

Dafür gibt es einen phonetischen Grund: In der deutschen Standardsprache zeigt das scharfe ß die Länge des Vokals an. Das a in „Straße" wird lang gesprochen, jenes in „Gasse" hingegen kurz. Für die Schweizer ist das hinfällig, denn sie betonen alle Doppelkonsonanten mit einem Silbenschnitt. Bei einem Eidgenossen klingt „Straße" also mehr wie „Stras-se". Bleibt natürlich die Frage, ob die Österreicher und die Deutschen nicht auch in der Lage wären, auf das scharfe ß zu verzichten und „Strasse" trotzdem richtig zu betonen.

WARUM BEKOMMEN DIE SCHWEIZER EXTRAWÜRSTE?

Erst seit gut 100 Jahren gibt es eine einheitliche deutsche Rechtschreibung. Davor gab sich jedes Land seine eigenen Regeln – und die Eidgenossen stehen in dem Ruf, besonders auf ihre Eigenheiten zu pochen. Tatsächlich aber haben die Österreicher mit 14 Ausnahmewörtern doppelt so viele wie die Schweizer: „Mokka“ dürfen heimische Kaffeehäuser auch mit cc schreiben, das österreichische „Tunell“ ist hierzulande genauso erlaubt wie das deutsche „Tunnel“, und ausschließlich im Österreichischen gibt es das Verb „maschinschreiben“. Die Schweizer hingegen bestehen – neben dem Verzicht auf das scharfe ß – auf „Müesli“ statt „Müsli“, „Bretzel“ statt „Brezel“ und „Rendez-vous“ anstelle von „Rendezvous“. Für den deutschen „Abiturienten“ haben die Schweizer den „Maturanden“, die Österreicher den „Maturanten“.

„KEISER“ STATT „KAISER“: WIE KAM ES EIGENTLICH ZUM DEUTSCHEN SPRACHKRIEG?

Im Gegensatz zur diesjährigen Minireform löste jene vor 21 Jahren einen veritablen Kulturkampf aus. Es sollte die größte Rechtschreibreform der Geschichte werden, doch schon die ersten Vorschläge des Instituts für Deutsche Sprache in Mannheim führten zu wütenden Protesten: „Bot“ statt „Boot“, „Keiser“ statt „Kaiser“? Was für eine Vergewaltigung der deutschen Sprache! Auch moderatere Ideen fanden wenig Anklang: „Delfin“ statt „Delphin“? „Schifffahrt“ statt „Schiffahrt“? „Wohl bekannt“ statt „wohlbekannt“? Die meisten Deutschen sträubten sich hartnäckig gegen die 1996 eingeführte neue Orthografie. Lehrer weigerten sich, sie zu unterrichten, Verlage und Medienhäuser, die bereits umgestellt hatten, ruderten zurück, allen voran die „Frankfurter Allgemeine Zeitung“, fortan das Flaggschiff der orthografischen Gegenreformation.

WIE SCHAFFT MAN SPRACHFRIEDEN?

Der Konflikt um Groß- und Kleinschreibung, scharfes ß und Zusammenschreibung schwelte vor sich hin, bis er im Sommer 2004 erneut voll entbrannte: Ein Jahr vor Ende der Übergangsfrist verkündeten der Springer-Verlag, „Der Spiegel“ und die „Süddeutsche Zeitung“, zur alten Rechtschreibung zurückkehren zu wollen. Literaten wie Günter Grass und Hans Magnus Enzensberger reagierten panisch, Kritikerlegende Marcel Reich-Ranicki befürchtete eine „nationale Katastrophe“.

„Der Sprachfrieden“ sei eiligst „wiederherzustellen“, befand daraufhin die deutsche Kultusministerkonferenz und gründete den Rat für deutsche Rechtschreibung. 39 ehrenamtliche Linguisten, Lehrer und Autoren aus sechs Staaten sollten die umstrittensten Regeln entschärfen. Das Ergebnis: „Kennenlernen“ darf seit 2006 wieder zusammengeschrieben werden, „heiligsprechen“ ebenfalls, das „Du“ in Briefen wieder groß. Am 1. Jänner 2007 bekannte sich sogar die „FAZ“ zur neuen Rechtschreibung. Damit war der Sprachfrieden besiegelt.

BINNEN-I & GENDER_GAP: WARUM HAUT NICHT ENDLICH JEMAND AUF DEN TISCH?

Nach aktuellem Beschluss des Rechtschreibrats sind alle „verkürzten Paarformen“ erlaubt: „SchülerInnen“, „Schüler/innen“, „Schüler_innen“ oder auch „Schüler*innen“. Bei konservativer Auslegung sei die Schreibweise „Schüler/-innen“ zu wählen, empfiehlt das Gremium. Aber warum spricht es sich nicht deutlich für eine Schreibweise aus und beendet damit die hitzigen Diskussionen? „Wir befinden uns in einer Phase des Übergangs. Unsere Aufgabe ist es, die Verwendungsweisen zu beobachten und schließlich die gebräuchlichsten zur Norm zu erheben“, sagt Ratsgeschäftsführerin Kerstin Güthert. Der Prozess könne sich freilich noch mehrere Jahre hinziehen. Noch ist die Verwendung des Binnen-I in manchen deutschen Bundesländern untersagt, die Schweizer Bundeskanzlei rät ebenfalls davon ab. Ein Tipp, welche Variante sich schließlich durchsetzen wird? Güthert: „Österreichische Ministerien verwenden seit mehreren Jahren das Binnen-I. Sie könnten hier eine Vorreiterrolle einnehmen.“

SNAPCHAT, FACEBOOK UND TWITTER: VERÄNDERT DAS INTERNET DIE RECHTSCHREIBREGELN?

Wohl eher nicht, meint Ratsgeschäftsführerin Kerstin Güthert. Die Menschen schreiben heute mehr als je zuvor und sind dabei auch sehr kreativ; allerdings sind Kurznachrichten und Foren eher der Mündlichkeit zuzurechnen. Tatsächlich werden Groß- und Kleinschreibung beim Chatten obsolet, Grammatik wird zur Nebensache degradiert. Emojis garnieren die Botschaften ohne Strich und Komma. Spätestens beim Bewerbungsschreiben würden sich die Schreibwütigen jedoch wieder sehr penibel an die deutsche Orthografie halten, ist Güthert überzeugt. [...]

QUELLE: https://www.profil.at/wissenschaft/grosses-scharfes-s-sprachpolizei-8244196; (abgerufen am 05.08.2017)

Zwischenstopp

Sie sollten jetzt folgende Teilkompetenzen wiederholt haben:

- eine Erörterung und einen Kommentar planen, verfassen und überarbeiten können

„Nach Auschwitz ein Gedicht zu schreiben, ist barbarisch“ [3]

Diese Aussage stammt von dem deutschen Philosophen Theodor W. Adorno und erschien erstmals 1951 in seinem Aufsatz *Kulturkritik und Gesellschaft*, den er bereits 1949, also vier Jahre nach Ende des Zweiten Weltkriegs, verfasst hatte. Der Philosoph bringt sein Misstrauen gegenüber Kultur in ihrer Gesamtheit aufgrund der Erfahrung des Holocausts ebenso zum Ausdruck wie die eingeschränkten Möglichkeiten moderner Autorinnen und Autoren, nach den Gräueln des Holocausts jemals wieder schöne Gedichte zu verfassen. Später relativierte er seine Aussagen und widerrief sie zum Teil; so sprach er 1962 in dem Essay *Jene zwanziger Jahre* über den Fortbestand einer „Kultur nach Auschwitz“.

A 9 Besprechen Sie gemeinsam mit Ihrer Partnerin bzw. Ihrem Partner, was der Philosoph Theodor W. Adorno alles mit diesem Satz gemeint haben könnte. Erstellen Sie anschließend eine Mind-Map mit Ihren Interpretationsansätzen und Assoziationen.

A 10 Tauschen Sie sich nun im Plenum über Ihre gefundenen Interpretationsansätze aus und besprechen Sie das Zitat mit Ihrer Lehrkraft.

Doch möglich?! Lyrik nach Auschwitz

A 11 Lesen Sie das nachstehende Gedicht der österreichischen Schriftstellerin Stella Rotenberg, die seit 1948 in Großbritannien im Exil lebte, wo sie 2013 auch verstarb. Notieren Sie sich beim Lesen Ihre Gedanken in dem Kasten auf der rechten Seite.

Stella Rotenberg: **Schädelstätte (1974)**

Im Jahr neunzehnhundertdreiundvierzig,
im Vernichtungslager Maidanek,
wurde eine junge
polnische Jüdin
gehängt.

Sie trug den Schemel,
der unter ihren Füßen fortgezogen werden würde,
bis unter den Galgenbaum.

[3] Es sind nicht nur Gedichte gemeint, sondern überhaupt Kultur im Allgemeinen. (Anm. d. AutorInnen)

Als der Strick um ihren Hals lag,
ehe der Schemel unter ihren Füßen fortgezogen wurde,
sagte sie:
Denkt an mich.

Ihr Name ist verschollen.

Der Name der jungen
österreichischen Aufseherin,
die dieses Sterben veranlasste
und vollzog,
ist bekannt.

QUELLE: Stella Rotenberg: An den Quell. Gesammelte Gedichte. – Wien: Theodor Kramer Gesellschaft, 2003.

Infobox:

Maidanek: eigentl. Majdanek; offiziell KZ Lublin, erstes Konzentrationslager im besetzten Polen.
Schemel: ein kleiner Hocker/eine kleine Bank ohne Lehne
Schädelstätte bzw. die „Stätte der Schädel“: die Stätte Golgot(h)a, ein Hügel bei Jerusalem. Hier wurde Jesus gekreuzigt (Neues Testament).

Sprachwerkzeug: Literatur zum Thema „Holocaust“

Literatur bzw. Lyrik zum Thema „Holocaust“ berührt uns auf eine ganz starke Art und Weise sehr persönlich, deshalb kann es etwas schwieriger sein, Gedichte, die nach 1945 verfasst wurden und die Gräuel des 2. Weltkrieges zum Thema haben, zu interpretieren.
Für mich persönlich ist am berührendsten …/Mich persönlich berührt am meisten, dass …
Beim Lesen von XY denke/fühle/glaube ich …
Diese Art von Lyrik löst bei der Leserin/beim Leser … aus
Der Holocaust als Thema in der Literatur lässt mich denken an …
Es fällt mir schwer(er), über … zu sprechen, weil …/Für die Autorin/den Autor des Gedichts bestand eine Herausforderung sicherlich darin, …

A12 Besprechen Sie mit Ihrer Partnerin bzw. Ihrem Partner, was in diesem Gedicht gegenübergestellt wird und suchen Sie auch nach sprachlichen Bildern dafür. Analysieren Sie ebenso die Zeilen- und die Stropheneinteilung.

A13 Suchen Sie in Vierergruppen online, in Ihrer Schulbibliothek oder in einer anderen passenden Einrichtung nach Gedichten von Nelly Sachs, Paul Celan, Bertolt Brecht, Jura Soyfer, Theodor Kramer u. a. zum Thema Holocaust bzw. zum Umgang damit nach 1945. Welche anderen sprachlichen Bilder verwenden diese Autorinnen und Autoren, um „das Grauen“ in lyrische Sprache zu fassen?

Merkenswert: Heimrad Bäcker

Der freie Schriftsteller und Herausgeber sammelte ab dem Jahr 1968 bis 1985 literarische Zeugnisse des Holocaust, um sie in zwei *Nachschriften* herauszugeben. Nach ihm ist ein Literaturpreis benannt. Er war auch Präsident der Grazer Autorenversammlung.

A14 Präsentieren Sie die Ergebnisse Ihrer Gruppenarbeit im Plenum und besprechen Sie gemeinsam mit Ihrer Lehrkraft, wie und warum es wichtig war bzw. ist, „nach Auschwitz Gedichte zu schreiben“.

Zwischenstopp

Sie sollten jetzt folgende Teilkompetenzen erworben haben:

- sich mit dem Thema „Literatur nach dem Holocaust“ auseinandersetzen können
- ein Gedicht zum Thema „Holocaust“ interpretieren können

Mehr Anglizismen, please?

Geht das nicht auch auf Deutsch?

Von Annika von Taube | 18.11.2014

Anglizismen sind etwas für faule Ignoranten, sie vergewaltigen die deutsche Sprache und treiben sie in den Tod. Unsinn. Im Gegenteil, Anglizismen verdienen einen Preis.

Neulich hatten wir wieder so einen Fall. Da haben wir einen Kommentar *depublisht*. Und unsere Leser aus Transparenzgründen im Kommentarbereich darüber informiert, wir hätten einen Kommentar „unveröffentlicht“.

Unveröffentlicht? Was ist das denn bitte für ein Wort, empörten sich Kommentatoren daraufhin. Unveröffentlichen, das meint das Zurückziehen eines bereits veröffentlichten Inhalts (zur Sicherheit sei darauf hingewiesen, dass wir äußerst selten Kommentare unveröffentlichen, nämlich nur dann, wenn es sich um Serien-*Spam* oder bedenkliche Nutzernamen handelt). Im Englischen gibt es ein klar verständliches Wort dafür: *to depublish*.

Das deutsche Wort klingt etwas unbeholfen. Aber würden wir das englische verwenden, wäre die Empörung noch viel größer. Wer auf eine andere Sprache als die eigene zurückgreifen muss, um sich auszudrücken, ist schlampig, faul oder beschränkt. So lautet zumindest die gängige Leserkritik. Es gibt nichts, was sich in der deutschen Sprache nicht ausdrücken ließe, das mag stimmen. Aber englische Begriffe sind oft so schön *catchy*, so *on point*. Und sie werden gerade in digitalen Umfeldern gern genutzt, wie die *User* unserer *Community* natürlich wissen.

Der Begriff *Crowdfunding* zum Beispiel lässt sich auf Deutsch mit „Gruppenfinanzierung“ oder „Schwarmfinanzierung“ übersetzen. Dass er aber seinen Ursprung nicht nur im englischsprachigen, sondern auch im digitalen Raum hat, geht bei der deutschen Übersetzung verloren: „Gruppenfinanzierung“ klingt nach ältlichem Provinzverein, *Crowdfunding* nach energetischem Start-up. *Crowdfunding* wurde 2012 zum „Anglizismus des Jahres“ gewählt.

Hätte Fritz Lang „Metropolis“ nicht als Stummfilm inszeniert, hätte er möglicherweise Wortneuschöpfungen und Lehnwörter gebraucht, um seine Zukunftsvisionen zu beschreiben.

Selfies, Scoops und Social Freezing

Seit 2010 bemüht sich Anatol Stefanowitsch, Professor für englische Sprachwissenschaft an der Freien Universität Berlin, um die Förderung eines positiven Blicks auf Anglizismen, indem er zur Wahl des „Anglizismus des Jahres“ aufruft. Diese Auszeichnung begreift Lehnwörter nicht als sprachliche Mängel, sondern im Gegenteil als Bereicherung unserer Sprache. Gewählt wird jeweils ein Lehnwort, das „im laufenden Jahr ins Bewusstsein und den Sprachgebrauch einer breiten Öffentlichkeit gelangt ist und eine interessante Lücke im deutschen Wortschatz füllt.“ Vorschläge einreichen kann jeder, die Auswahl erfolgt durch eine Fachjury von Sprachwissenschaftlern. Über die laufenden Einreichungen (die aktuelle Nominierungsrunde endet am 15. Dezember 2014) informiert ein Blog. Ganz vorn dabei ist momentan das Selfie, überhaupt sind Begriffe aus der Welt der sozialen Medien überproportional vertreten, ähnlich sieht es im Bereich neuer Technologien aus. Bedeuten also mediale Digitalisierung und technologische Evolution gewissermaßen als Lehnwort-Schleusen eine Bedrohung der deutschen Sprache? Professor Stefanowitsch kann beruhigen: „Lehnwörter finden wir immer dort, wo es Veränderungen gibt – neue Technologien und neue gesellschaftliche Praktiken müssen benannt werden, und wenn eine wichtige Bezugskultur schon Wörter hat, werden die einfach übernommen. Durch Entlehnung sind Sprachen in der Lage, sich aktuellen Entwicklungen anzupassen und für die Sprachgemeinschaft nützlich zu bleiben. Und nur wenn eine Sprache nicht mehr nützlich ist, läuft sie Gefahr, zu verschwinden.“

Keine Gefahr also. Und für Gegner der Anglizismenflut in den „neuen“ Medien gäbe es folgenden Lösungsvorschlag: Sie müssten nur dafür sorgen, dass Neuentwicklungen statt aus dem englischsprachigen aus dem deutschen Raum kommen. Immerhin haben übrigens auch die „traditionellen Medien“, wie es das Blog formuliert, einen Kandidaten für den Preis 2014 hervorgebracht: *Hoodiejournalismus.*

Wie ist Ihre Haltung zu Lehnwörtern aus dem Englischen? Welche nutzen Sie selbst, welche begrüßen Sie, welche finden Sie unsinnig? Welches wäre Ihr Favorit für den „Anglizismus des Jahres“?

QUELLE: http://www.zeit.de/community/2014-11/anglizismus-digitalisierung; (abgerufen am 17.08.2017)

Merkenswert: Anglizismen

Viele Anglizismen in der deutschen Sprache werden von uns gar nicht mehr als solche wahrgenommen, z. B. *okay, Make-up, Trends,* Namen für Sportarten (oder haben Sie jemals von der Sportart „Korbball“ gehört?), *Flip-Chart, Handout, Flyer, Groove, downloaden, Haarspray,* Namen für Tierrassen (z. B. „*Golden Retriever*“) etc. Diese Liste ist beliebig erweiterbar.

A15 Lesen Sie die Fragen am Ende des obenstehenden Zeitungsartikels zum Thema der notwendigen Anglizismen nochmals und notieren Sie sich mögliche Antworten. Welche Anglizismen sind für Sie in Ihrem eigenen Sprachgebrauch schon selbstverständlich geworden? Erstellen Sie eine Liste.

A16 Nehmen Sie Ihre Liste aus A15 zur Hand und besprechen Sie sie mit Ihrer Partnerin bzw. Ihrem Partner. Ergänzen Sie, wenn nötig.

A17 Gehen Sie nun einzeln nach vorne und schreiben Sie in einer Art stummem Dialog Ihre Anglizismen auf die Tafel/auf das Whiteboard/am Computer. Sie können danach auch ein Rating der beliebtesten Anglizismen in Ihrer Klasse erstellen. Ebenso können Sie klassen- oder schulstufenübergreifende Vergleiche anstellen.

Zwischenstopp

Sie sollten jetzt folgende Teilkompetenzen erworben haben:

- sich über die Verwendung von Anglizismen kritisch äußern können
- klassen- oder schulstufenübergreifende Vergleiche anstellen können

Wie entwickelt(e) sich die deutsche Sprache?

Unser heutiges Deutsch entwickelte sich durch die erste und die zweite Lautverschiebung aus dem Indogermanischen. Seit Mitte des 17. Jahrhunderts spricht man Neuhochdeutsch, welches bis zum heutigen Tag einer ständigen Wandlung bzw. Weiterentwicklung folgt. Als „Schöpfer" der modernen deutschen Sprache gilt Martin Luther durch seine Bibelübersetzung des Alten und des Neuen Testaments aus dem Althebräischen, dem Aramäischen und dem Griechischen ins Frühneuhochdeutsche.

Merkenswert: Sprachentwicklung

Eine wichtige Frage in Bezug auf die Entwicklung (nicht nur) der deutschen Sprache ist, ob sich die Regeln der Sprachverwendung anpassen müssen oder umgekehrt. Da in Deutschland, Österreich und der Schweiz kein Zentralismus nach z. B. französischem Vorbild vorherrscht, beeinflusst dies die Entwicklung der jeweiligen „Nationalsprachen" – so *hat* der Deutsche *gesessen* und die Schweizerin fährt auf der *Strasse* (sehen Sie dazu auch S. 14 – *Großes ß: Der heikle Job der Sprachpolizei*).

Sich über „österreichisches Deutsch" Gedanken machen: Geiz ist geil? Lecker! – Dislike!

A 18 Erstellen Sie gemeinsam mit Ihrer Partnerin bzw. Ihrem Partner eine Liste von Ausdrücken, die Sie oder Bekannte, Mitschüler/innen, Eltern oder Lehrpersonen regelmäßig in den Sprachgebrauch einbauen und welche relativ sicher auf Medienkonsum zurückzuführen sind (z. B. denken nur mehr wenige Menschen darüber nach, Essen als „gut" oder österreichisch-deutsch als „gschmackig" zu bezeichnen – es schmeckt bundesdeutsch „lecker").

A 19 Versuchen Sie danach alle gemeinsam im Plenum, mit Unterstützung Ihrer Lehrkraft und des ÖWB, des Österreichischen Wörterbuches, die Ausdrücke bzw. Phrasen in die österreichische Standardsprache „zurückzuübersetzen".

A 20 Lesen Sie den folgenden Artikel über die Verwendung der österreichischen Standardsprache in der Schule und halten Sie anschließend einen runden Tisch zum Thema ab.

Wenig Bewusstsein für „österreichisches Deutsch" an Schulen

APA | 07.07.2016

Umgangssprache und Dialekt werden im Westen stärker als im Osten im Klassenzimmer verwendet

Wien – An Österreichs Schulen werden nicht nur verschiedene Sprachen gesprochen, sondern auch mehr als nur ein Deutsch: Neben der Standardsprache verwenden Lehrer wie Schüler im Unterricht auch Umgangssprache und Dialekt. Das zeigt eine Studie, deren Ergebnisse die Autoren Rudolf de Cillia und Jutta Ransmayr bei der am Donnerstag startenden Tagung

„Deutsch in Österreich“ der Uni Wien präsentieren. Zweieinhalb Jahre sind die Wissenschafter für das FWF1-Projekt „Das österreichische Deutsch als Unterrichts- und Bildungssprache“ per Fragebogen, in Interviews, Gruppendiskussionen und Unterrichtsbeobachtung der Frage nachgegangen, welche Rolle das österreichische Deutsch und seine verschiedenen Varianten im Unterricht spielen. Dabei zeigte sich, dass alle drei sogenannten Varietäten (Standard-, Umgangssprache, Dialekt) in der Schule wichtig sind. Ausnahme ist Vorarlberg: Hier spielt Umgangssprache – eine etwas saloppere Ausdrucksweise zwischen Standardsprache und Dialekt – kaum eine Rolle. Ähnlich wie in der Schweiz wechseln die Schüler dort meist zwischen den beiden Extrempolen Standarddeutsch und Dialekt.

Lernstoff in Standard-, Organisatorisches in Umgangssprache

Schüler verwenden dabei laut Lehrer-Befragung mehr Umgangssprache und Dialekt als ihre Pädagogen. Unterschiede gibt es auch nach Region: Schüler in Ostösterreich setzen stärker auf die Standardsprache. Lehrer haben sogar beobachtet, dass es für manche Schüler in Westösterreich eine Herausforderung ist, ein Referat in der Standardsprache zu halten. „Wichtig wäre ein reflexiver Umgang mit Varietäten und situativen Normen im Unterricht und dass alle Schüler Sicherheit in der Verwendung der Standardsprache erlangen“, resümiert Ransmayr die Ergebnisse der Lehrerbefragung. 85 Prozent Lehrer nutzen in der Klasse laut eigenen Angaben beim Vortragen von Lernstoff die Standardsprache, beim Erteilen von Arbeitsaufträgen tun das noch zwei Drittel. Geht es um disziplinäre Fragen oder Organisatorisches, wechselt hingegen ein guter Teil der Lehrer in die Umgangssprache oder den Dialekt (52 bzw. 40 Prozent).

Jüngere Lehrer verwenden eher Umgangssprache.

Nach Schultypen gibt es allerdings auch beim Vortragen des Stoffs signifikante sprachliche Unterschiede: Lehrer von Hauptschulen bzw. Neuen Mittelschulen (NMS) tendieren stärker zu Umgangssprache als Volksschul- und AHS-Lehrer. Lehrer, die Deutsch sowie eine weitere Sprache unterrichten, orientieren sich indes sehr stark an der Standardsprache. Auch an den Unis ausgebildete Lehrer setzen stärker auf Standardsprache als jene, die an Pädagogischen Hochschulen (PH) ausgebildet wurden. Ein weiterer Befund: Jüngere Lehrer tendieren eher zur Umgangssprache als ältere und verwenden auch eher Deutschlandismen (etwa: Junge statt Bub).

Auseinandersetzung mit den Varietäten

Projektleiter de Cillia sieht dringenden Bedarf, die Varietäten des Deutschen in Österreich im Unterricht bewusst zu thematisieren. Vorrangige Aufgabe der Schule sei es zwar, die Normen einer korrekten Standardsprache zu vermitteln, aber nicht nur das: „Es geht darum, dass Kinder und Jugendliche lernen, sich authentisch auszudrücken. Man muss ihnen auch vermitteln, dass jede Sprachform – Standardsprache, Umgangssprache, Dialekt – legitim ist, wenn sie der Situation angemessen ist.“ Geht es nach den Forschern, sollten außerdem sowohl Lehrer als auch Schüler sich intensiver mit den verschiedenen Varietäten des Standarddeutschen – etwa jenes in Österreich, Deutschland, der Schweiz – auseinandersetzen und sich dessen bewusst werden, dass es nicht nur ein einziges korrektes Deutsch gibt, sondern eben mehrere Varietäten davon.

Gleichgestellte Austriazismen

In Lehrplänen, Lehrbüchern und der Pädagogenausbildung findet derzeit laut de Cillia nur eine vage Beschäftigung mit dem Begriff des österreichischen Deutsch bzw. Deutsch in Österreich statt. Der überwiegenden Mehrheit der Lehrer (85 Prozent) sei sogar das Konzept der Plurizentrik (eine Sprache kann in mehreren gleichwertigen Standardvarietäten vorkommen) nicht einmal bekannt. Dabei, so de Cillia, sei das österreichische Deutsch enorm wichtig als identitätsstiftendes Element. Ein Beleg dafür sei, dass anlässlich des EU-Beitritts Österreichs in einem Protokoll die Gleichstellung von 23 Austriazismen mit bundesdeutschen Ausdrücken festgeschrieben wurde.

„Deutsches Deutsch“ wird als korrekter empfunden

Gleichzeitig hat sich in der Untersuchung ein gewisses Minderwertigkeitsgefühl österreichischer Schüler wie Lehrer in Bezug auf ihre Standardsprache gezeigt: Zwar bejahen 80 Prozent der Lehrer und 68 Prozent der Schüler die Frage, ob es ein österreichisches Standarddeutsch gibt; außerdem ist die überwiegende Mehrheit der Ansicht, dass ein überregionales österreichisches Standarddeutsch existiert, das sich vom Deutsch Deutschlands in manchen Bereichen klar unterscheidet. Allerdings lehnen nur 44 Prozent der Lehrer und 32 Prozent der Schüler die Feststellung „Deutsches Deutsch ist korrekter als österreichisches Deutsch" dezidiert ab; der Rest stimmt der Behauptung in unterschiedlicher Intensität zu.

Österreichisches Deutsch nicht gefährdet

Auch wenn diese Daten ein zum Teil ambivalentes sprachliches Selbstbewusstsein widerspiegeln und die Forscher gleichzeitig konstatieren, dass unter Schülern wie jüngeren Lehrern in bestimmten Bereichen „Austriazismen" durch „Deutschlandismen" ersetzt werden (z. B. die E-Mail, die Cola, die Eins), sieht de Cillia den Erhalt des österreichischen Deutschs nicht grundsätzlich gefährdet: „Die Schüler verwenden die Varietät, die sie durch die Eltern, die Schule und die Medien vermittelt bekommen."

[1] Fonds zur Förderung der wissenschaftlichen Forschung

QUELLE: derstandard.at/2000040591031/Wenig-Bewusstsein-fuer-oesterreichisches-Deutsch-an-Schulen; (abgerufen am 21.08.2017)

Zwischenstopp

Sie sollten jetzt folgende Teilkompetenzen erworben haben:

- sich über die Unterschiede in der deutschen Sprache (je nach Land) bewusst werden
- „österreichisches Deutsch" bewusst einsetzen können

Rollenklischees in der Sprache **digitaler Übersetzungsprogramme**: Digitale Übersetzungsprogramme stecken voller Tücken, denn künstliche Intelligenz ist anfällig für Rassismus, Rollenklischees und Vorurteile. Dies zeigt sich auch in den Assoziationen: So werden Blumennamen oder europäische oder amerikanische Namen eher mit positiven Adjektiven in Verbindung gesetzt und z. B. afroamerikanische Namen oder Insektennamen mit negativen. Manche Sprachen wie z. B. das Vietnamesische oder Ungarische kennen gar keine grammatikalischen Geschlechter, es ist also nicht ersichtlich, ob man eine Frau oder einen Herrn anspricht. In Schweden versucht man, Rollenklischees durch die Verwendung des geschlechtsneutralen Pronomens „hen“ entgegenzuwirken.

Der **Rat der deutschen Rechtschreibung reformiert** immer wieder sanft die **deutsche Orthografie**, es gibt jetzt (für Österreich und Deutschland) das **große scharfe ẞ**. Der heikle Job der ehrenamtlichen Mitglieder besteht darin, die deutsche Sprache zu beobachten. Dann diskutieren die 39 Mitglieder aus Deutschland, Österreich, der Schweiz, Liechtenstein, Südtirol und der deutschsprachigen Gemeinschaft Belgiens sehr sachlich über die „sanften Reformen“. Wichtig ist der Gesellschaft ebenso die „Schaffung von Sprachfrieden“.

Der deutsche Philosoph **Theodor W. Adorno** tätigte 1951 in seinem Aufsatz *Kulturkritik und Gesellschaft*, den er bereits 1949, also vier Jahre nach Ende des Zweiten Weltkriegs, verfasst hatte, die Aussage, dass es „**barbarisch sei, nach Auschwitz ein Gedicht zu schreiben**“. Der Philosoph brachte damit sein Misstrauen gegenüber Kultur in ihrer Gesamtheit aufgrund der Erfahrung des Holocausts ebenso zum Ausdruck wie die eingeschränkten Möglichkeiten moderner Autorinnen und Autoren, nach den Gräueln des Holocaust jemals wieder schöne Gedichte zu verfassen. Später relativierte er seine Aussagen und widerrief sie zum Teil; so sprach er 1962 in dem Essay *Jene zwanziger Jahre* über den Fortbestand einer „Kultur nach Auschwitz“. Stella Rotenbergs 1974 verfasstes Gedicht *Schädelstätte* beschreibt eindringlich die Vorgänge im Vernichtungslager Maidanek. Auch Heimrad Bäcker publizierte literarische Zeugnisse des Holocaust.

Aus der heutigen Medienlandschaft sind **Anglizismen** gar nicht mehr wegzudenken – und nicht nur deswegen, weil einige von ihnen gar nicht richtig übersetzt bzw. umschrieben werden können, wie z. B. *depublishen*, *Start-up* oder auch *Crowdfunding*.

Unser **heutiges Deutsch** entwickelte sich durch die erste und die zweite Lautverschiebung aus dem Indogermanischen. Seit Mitte des 17. Jahrhunderts spricht man Neuhochdeutsch, welches bis zum heutigen Tag einer ständigen Wandlung bzw. Weiterentwicklung folgt. Als „Schöpfer“ der modernen deutschen Sprache gilt **Martin Luther** durch seine **Bibelübersetzung** sowohl des Alten als auch des Neuen Testaments aus dem Althebräischen, dem Aramäischen und dem Griechischen ins Frühneuhochdeutsche.
An Schulen herrscht wenig Bewusstsein für „**österreichisches Deutsch**“, Umgangssprache und Dialekt werden im Westen stärker als im Osten im Klassenzimmer verwendet.

Mündliche Maturafrage: Sprache, Denken und Wirklichkeit

1 Beantworten Sie die mündliche Maturafrage. Sie haben 15 Minuten Vorbereitungszeit.

Thema: Sprache als Spiegel einer Kultur begreifen

Sprechen Sie über folgende Aufgabenstellung:

- Fassen Sie die wesentlichen Aussagen dieses Zeitungsartikels zusammen.
- Erläutern Sie die sprachliche(n) Veränderung(en), die sich demnach in Österreich vollzieht/vollziehen.
- Beurteilen Sie die Positionen der Forscher/innen an den Universitäten Wien, Graz und Salzburg aus Ihrer eigenen Perspektive.

Wie sich die deutsche Sprache in Österreich entwickelt

APA | 18.08.2015

Forscher der Universitäten Wien, Graz und Salzburg untersuchen Beziehungen zwischen Dialekten und Standardsprache

Wien/Graz/Salzburg – Die Universitäten Wien, Graz und Salzburg haben nun einen Spezialforschungsbereich an Land gezogen, mit dem sie sich die kommenden acht Jahre lang mit dem Wandel der deutschen Sprache in Österreich beschäftigen. An dem Projekt werden rund zwei Dutzend Forscher mitarbeiten, neben Germanisten auch Slawisten und Computerlinguisten, teilte die Universität Salzburg mit. „Deutsch in Österreich" (DiÖ) ist heuer der einzige Spezialforschungsbereich, der zum Zug gekommen ist. Was soll damit genau erforscht werden? „Es gibt in Österreich zwar exzellente Dialekt-Atlanten, wie z. B. den ‚sprechenden' Sprachatlas ‚Deutsche Dialekte im Alpenraum'. Was bisher aber fehlt, ist eine Gesamterhebung für ganz Österreich mit einer einheitlichen Methode", erläuterte der Salzburger Germanist Stephan Elspaß seinen Part am Projekt. Die Forscher gehen von der Hypothese aus, dass sich die Dialekte einerseits durch den Einfluss der Standardsprache wandeln und dass sich andererseits die Dialekte gegenseitig stark beeinflussen.

Generationenvergleich

Elspaß hat zwei Teilprojekte des Projektes nach Salzburg geholt. So leitet er federführend eines der drei großen Teilprojekte, das den Titel „Variation und Wandel dialektaler Varietäten in Österreich" trägt. Mit der Befragung von zwei Altersgruppen, älteren und jungen Sprechern, wollen die Forscher Unterschiede zwischen Dialekten flächendeckend von Vorarlberg über Salzburg bis Wien dokumentieren und ihre Veränderungen untersuchen. Das Team wird die Erhebung an 40 Ortspunkten durchführen; geplant sind in einem zweiten Förderungsabschnitt Aufnahmen an weiteren 100 Orten. Der Generationenvergleich soll Aufschluss über den Sprachwandel geben, sowohl in Bezug auf den Wortschatz (z. B. Frühjahr/Frühling/Auswärts/Länzing), die Aussprache (z. B. unterschiedlich ausgesprochene „l"-Laute), Akzente oder die Grammatik (z. B. unterschiedliche Wortstellungen).

Keine Angst vor Aussterben der Dialekte

Die Gefahr, dass die Dialekte aussterben, wie er für Deutschland befürchtet, sieht Elspaß für Österreich nicht unmittelbar. Gewissheit werde aber erst die Forschung bringen. „Immerhin gibt es auch Gegenbeispiele, wo – wie in der Schweiz – Dialekte sehr lebendig sind und ein gutes Image haben. Es könnte aber auch sein, dass Österreich einen dritten Weg geht, auf dem – aus Standardsprache und Dialekt gespeist – langfristig neue regionale Dialekte entstehen bzw. sich verfestigen. Das wollen wir herausfinden.“ Mit „Deutsch in Österreich“ verbindet Elspaß auch ein gesellschaftspolitisches Anliegen: „Die Ergebnisse des Projekts sollen eine bessere Grundlage für das Wissen um die sprachlichen Gegebenheiten in Österreich schaffen, um so klarer zu sehen, wie verschiedene Sprachen und Varietäten wahrgenommen und eingeschätzt werden.“ Die Wahrnehmung und Bewertung der sprachlichen Vielfalt steht im Mittelpunkt einer Gruppe von Teilprojekten, die unter dem Titel „Deutsch in den Köpfen“ zusammengefasst sind.

„Es gibt keinen Sprachverfall“

Zudem wollen die Forscher mit ihren Untersuchungen auch dazu beitragen, hartnäckigen Mythen wie dem vom Sprachverfall entgegenzuwirken. „Es gibt keinen Sprachverfall, auch wenn selbst ernannte Sprachmahner ihn immer wieder heraufbeschwören. Sie sollten beispielsweise nur einmal bedenken, dass sie selber ja auch nicht mehr so reden und schreiben wie ihre Vorfahren – das aber vermutlich nicht als Verfall deuten würden. Sprache ist etwas, das sich mit seinem Gebrauch ständig wandelt. Aufklärung ist Teil unserer wissenschaftlichen Arbeit.“

QUELLE: derstandard.at/2000020892843/Wie-sich-die-deutsche-Sprache-in-Oesterreich-entwickelt; (abgerufen am 02.09.2017)

Neue Formen der Dramatik

Ferdinand Schmalz: *dosenfleisch*

Es geht um Menschen auf der Autobahn,
die in ihren Autos wie Dosen eingekeilt sind.[1]

Nach seinem mehrfach ausgezeichneten Debüt *am beispiel der butter* ist auch das zweite Stück des österreichischen Dramatikers Ferdinand Schmalz seit 18. September 2015 unter der Regie von Carina Riedl am Wiener Akademietheater (das zum Burgtheater gehört) zu sehen: *dosenfleisch* ist eine Metapher für das Paradox des mobilen Menschen in der „Blechkiste", der zwar überall hinkommt, jedoch nie zu sich selbst – und im lebensbedrohlichen Zusammenstoß nach Authentizität sucht.[2] Die erfolgreiche Uraufführung fand am 13. Juni 2015 im Rahmen der Autorentheatertage am Deutschen Theater Berlin statt.

Inhalt

Ein Fernfahrer muss aufgrund eines desaströsen Unfalls auf einer Autobahnraststätte Halt machen. Frustriert über den erzwungenen Stillstand, beobachtet er durch seine Windschutzscheibe das nächtliche Geschehen. **Ein Versicherungsinspektor**, besessen von jeglichen Spuren, die Verkehrsunfälle verursachen, untersucht die sogenannte Todeskurve, die sich von der Raststätte aus perfekt überblicken lässt. **Beate**, die Betreiberin der Raststation, teilt ein dunkles Geheimnis mit **Jayne**, einer schönen, autoaggressiven Fernsehschauspielerin, die süchtig ist nach Hochgeschwindigkeit. Beide Frauen sind aus verschiedenen Motiven zu tatkräftigen Spezialistinnen für inszenierte, mitunter tödliche Autounfälle geworden.

Der Autor

Der Theaterwissenschaftler, Dramatiker und Verfasser von Prosatexten Ferdinand Schmalz heißt eigentlich Matthias Schweiger und wurde 1985 in Graz geboren. Er lebt in Wien und arbeitete bereits für die Schauspielhäuser Leipzig und Graz sowie Zürich und gewann im Juli 2017 mit dem Text *mein lieblingstier heißt winter* den Ingeborg-Bachmann-Preis.

[1] http://diepresse.com/home/kultur/news/4816583/Schmalz-und-Riedl_Fette-Metaphern-und-Lebensluecken; (abgerufen am 10.07.2017)

[2] ebd.

A1 Lesen Sie den Textauszug aus *dosenfleisch*. Welche sprachlichen Besonderheiten fallen Ihnen auf (*Die Presse* spricht von „fetten Metaphern")? Können Sie das „Neue" an der Sprache von Schmalz erkennen bzw. woran machen Sie es fest? Notieren Sie Ihre Ergebnisse.

§10 vom temperatursturz im versicherungswesen

fernfahrer und steht jetzt da, dieses versichrungswesen, steht stehngelassen da. und auch in ihm ist jetzt so ein gefühlsstau drin. weil damit fängts ja an, das unglück, nimmt seinen ausgangspunkt in diesem augenblick, in dem so ein gefühlsstau unerträglich wird. ganz heiß ists ihm geworden, weils sich so aufgestaut hat in ihm drin, als diese lippen da auf seine sind geprallt. und wollt es weiterprallen lassen und wollt es weiterprallen lassen und wollt es weiterprallen lassen, weil er zum ersten mal sich wieder hat gespürt. weil er ganz wach war für den bruchteil eines augenblicks. wollt sich nicht mehr den kopf zerbrechen. war ganz verknallt. wollt weiter hängen bleiben an den lippen da von ihr. und kann es darum nicht verstehn, warum sie ihn hat stehn gelassen, gefühlsverstopft dort vor den raststationstoiletten.

rolf haben sie uns grad beobachtet?

fernfahrer es fängt sich schon einmal der blick am straßenrand.

rolf gibt nichts zu sehen hier.

fernfahrer hier kratzt man entweder die kurve oder man kratzt ab.

rolf was soll das heißen?

fernfahrer das ist ein wendepunkt.

rolf was für ein wunder punkt?

fernfahrer ein wendepunkt, hier kehrt man um, bevor es dann zu spät. zu spät. zu spät.

rolf danke, ich kenn mich aus mit risiken.

fernfahrer wenn man so lange unterwegs wie ich, entwickelt man halt eine fernsicht auf die dinge. so ein gefühl dafür, was da vom horizont auf einen zu noch kommen wird. drum rate ich, ziehn sie die bremse, kehren sie jetzt auf der stelle um, bevor das schicksal sich auch gegen sie noch wendet.

rolf was könnt das schicksal sich bei mir schon holen.

fernfahrer dosenfleisch.

rolf wie bitte?

fernfahrer dosenfleisch, nennt man im militärjargon, wenn tiefgefrorne leichen noch einmal zum einsatz kommen. um beispielsweise einen unfall vorzutäuschen.

rolf warum erzählen sie mir das?

fernfahrer sehn sie mich an. sehn sie mich an. sehn sie mich an. man muss den körper in bewegung halten.

rolf halten sie den mund.

fernfahrer ich bin von dauer, weil ich ständig unterwegs. das leben ist andauernd von seinem eigenen verfall bedroht. nur diese energie bleibt immerfort die gleiche. erhaltungssatz: was vorne reinkommt, fließt auch hinten wieder raus.

rolf was soll der unsinn?

fernfahrer ich sprech von haltbarkeit, kein halt in sicht. nur zwischenstopps. kein anhalten an einem anderen. kein festhalten. das leben ist halt haltbar nur in dauernder bewegung.

rolf was hat das denn mit mir zu tun.

fernfahrer kurzum: sie sind schon überfällig. sie tragen ein verfallsdatum auf ihrer stirn.

rolf ich bin zum ersten mal einem gefühl verfallen.

fernfahrer den gefühlen ist nur nicht zu trauen, allzu menschliches versagen.

rolf hier tun sich möglichkeiten auf, ganz paragraphenlos.

fernfahrer geplante obsoleszenz, hinfälligkeiten. eine verderblichkeit sitzt uns schon in den gliedern.

rolf ich lass mir das nicht nehmen.

fernfahrer und muss jetzt rein zum kühlregal und muss jetzt rein zum kühlregal und muss jetzt rein zum kühlregal,

rolf mir ist ganz heiß.

fernfahrer um sich ein kaltgetränk zu holen, das ihm die hitze in ihm drin vertreiben soll. muss jetzt ein kühlwasser in sich reinkippen, damit der körper wieder auf betriebstemperatur sich abkühlen kann.doch statt dem kaltgetränk stürzt ihm, als er die tür aufreißt, stürzt ihm da eine frau entgegen. ganz steifgefroren liegt sie da, am boden von der tanke jetzt. die augen sind zwei eiskristalle. und plötzlich auch ein temperatursturz in ihm drin, im versicherungsmenscheninneren erreicht es den gefrierpunkt jetzt. da muss er gar nicht erst das kaltgetränk bemühn. damit konnt er nicht rechnen, damit konnt er nicht rechnen, damit konnt er nicht rechnen, dass da im kühlregal die leiche von der eigentlichen tankstellenbetreiberin drin liegt. dosenfleisch. und keine hitze jetzt in ihm mehr drin, nur eine kalte angst vor diesem unberechenbaren, das da grad in sein leben bricht.

§11 ein rauschen da vom anfang her

beate und rolf am auto.

beate wills nicht mehr anspringen, das auto.

rolf ich muss hier weg.

beate sie habens vorher doch nicht eilig ghabt. ist was passiert?

rolf alles in bester ordnung. gibts hier ein telefon?

beate die leitungen sind leider tot. hörn sie das auch? das rauschen da im hintergrund.

rolf ich hör nur nichts.

beate nicht jeder kann es hören.

rolf man hört die autobahn, das schon.

beate ein echo ists, vom anfang. vom ersten unfall, der das alles erst erschaffen hat. manchmal ists, als würde eine unsichtbare macht die autos aus dem strom des unterwegsseins reißen. kommt dann die autobahn zu sich in einem ort, dem unfallort.

rolf ich müsst jetzt wirklich weiter.

beate ist man erst angekommen mal am unfallort, gibt es so schnell dann kein entkommen mehr. das unterwegssein hört sich auf, wenn es den unfall trifft. da fragts aus keinen kindermündern dann, ob man schon da. hab euch gesehn.

rolf wo ist sie hin verschwunden?

beate na schau, hat es sich auf ein anderes objekt gerichtet jetzt, das interesse, ihres.

rolf das hab ich ihnen schon einmal gesagt, dass sie das gar nichts angeht, für was ich mich so intressier.

beate hier gilt nur das gesetz der straße. ich bin die straße. wer etwas will von mir, der muss sich auch an meine regeln halten.

rolf was sollt ich wolln von ihnen?

beate könnt ihnen sagen, wo sie ist, die, für die sie sich so intressieren, die jayne.

rolf was soll das heißen?

beate die treibt sich in der gegend öfter rum.

rolf war wie ein aufprall, unser aufeinandertreffen.

beate sie lagert hier.

rolf hier auf der raststation?

beate es treibt sie immer wieder mal zu mir herauf.

rolf wo ist sie?

beate hinter dem lkw-parkplatz kurz vor der auffahrt, gibts eine kleine nische noch, da richtet sie sich für gewöhnlich ein. *rolf eilt davon.* unter dem asphalt, der haut der straße, regt sich was. da rührt sich eine längst vergessene natur. verästelungen, die darunter wuchern. wirft beulen schon der schwarze teer. pulsiert dort feinstes wurzelwerk im straßenbett. an manchen stellen finden sich schon kleine risse, die autobahn wird brüchig, sprießt grün das leben draus hervor.

QUELLE: Schmalz, Ferdinand: dosenfleisch. TB-Abdruck 2015 © S. Fischer Verlag, S. 20 ff.

A2 Besprechen Sie nun im Plenum gemeinsam mit Ihrer Lehrkraft die Besonderheiten der Sprache bzw. der hinter der Sprache versteckten Aussagen des Dramas. Erstellen Sie gemeinsam ein Plakat oder ein Flip-Chart mit einigen Sprachspielen/Metaphern aus *dosenfleisch*.

A3 In Zeile 70 spricht der Fernfahrer von „obsoleszenz". Welche Ideen verbergen sich hinter diesem Begriff? Notieren Sie Ihre Gedanken und Assoziationen dazu.

A4 Besprechen Sie Ihre Ergebnisse aus A3 anschließend mit Ihrer Partnerin/Ihrem Partner. Nehmen Sie dann ein Wörterbuch zu Hilfe und prüfen Sie die Bedeutung des Begriffes.

A5 Ferdinand Schmalz' neues Stück „jedermann (stirbt)" wurde am 28. Februar 2018 im Wiener Burgtheater uraufgeführt. Informieren Sie sich auf www.burgtheater.at darüber.

A6 Besprechen Sie anschließend in der Klasse, warum Sie sich das Stück (nicht) ansehen sollten. Führen Sie Argumente für und gegen einen Theaterbesuch an.

2

y8c732

Mündliche Kompetenz

(Un)durchschaubare Medien

In diesem Kapitel lernen Sie:

- Kommunikationsorganisation und Kommunikationsverhalten in Prüfungssituationen anzuwenden
- die Intentionen nichtliterarischer Texte zu erfassen, zu analysieren und sich dazu zu äußern
- einen Leserbrief und eine Meinungsrede zu verfassen
- mit Informationen und Texten aus der Exilliteratur und den 60er bis zu den 80er Jahren umzugehen und diese zu bearbeiten
- mit modernen Medien und Nachrichten verantwortungsvoll umzugehen
- politisch korrekte Sprache zu erkennen und anzuwenden und diskriminierende Sprache zu vermeiden

Kommunikationsorganisation in der Prüfungssituation

Im Verlauf Ihrer Schulzeit, die sich langsam dem Ende zuneigt, haben Sie vermutlich mehrere mündliche Prüfungen abgelegt und sind mit dieser speziellen Gesprächssituation gut vertraut. Hinsichtlich Ihrer Matura haben Sie sich aber vielleicht bereits Gedanken zu Ihren baldigen mündlichen Prüfungen und Ihrer VWA-Präsentation gemacht und sich überlegt, wie Sie diese für Sie neuen Gesprächssituationen möglichst erfolgreich absolvieren werden. Es ist wichtig und hilfreich, sich bereits im Vorhinein auf diese Situationen und ihre Anforderungen vorzubereiten. Bereits in *sprachreif 1* wurde Ihnen das Konzept der asymmetrischen Kommunikation, also der Kommunikation zwischen zwei nicht gleichgestellten Partnern, vorgestellt, das Sie sich für Ihre mündliche Matura in Erinnerung rufen sollten.

A1 Sprechen Sie zu zweit darüber, wie Sie sich während einer mündlichen Prüfung verhalten und wie Sie kommunizieren sollten, um möglichst erfolgreich abzuschneiden. Erstellen Sie eine Liste mit mindestens sechs wertvollen Tipps.

Um die Matura abzulegen, müssen Sie in einer Prüfungssituation vor einer Kommission von Lehrerinnen und Lehrern sowohl monologisch als auch dialogisch sprechen. Das bedeutet, Sie führen mit Ihren Lehrerinnen und Lehrern Prüfungsgespräche, wobei Sie einerseits Fragen beantworten und andererseits eine vorgegebene Zeit lang alleine ohne Hilfestellung sprechen müssen, während Sie beispielsweise Ihre VWA präsentieren.

A2 Überlegen Sie, welche möglichen Schwierigkeiten bei den beiden Arten von Prüfungsgesprächen auftauchen könnten und wie Sie am besten darauf reagieren könnten. Machen Sie sich dazu Notizen und vergleichen Sie Ihre Ergebnisse mit anderen in der Klasse.

Monologisches Sprechen in der Prüfungssituation

Beim monologischen Sprechen während der Matura wird von Ihnen gefordert, sich zu einer Aufgabenstellung bzw. zu einem bestimmten Thema zu äußern. Gerade beim monologischen Sprechen ist **eine gute Vorbereitung und Gliederung** des Gesagten wichtig, um Ihre Kenntnisse klar und deutlich kommunizieren zu können. Häufiges Abschweifen, Gedankensprünge und eine stockende Sprechweise wirken wenig professionell und vermitteln den Eindruck, Sie seien mit dem Thema wenig vertraut. Egal, ob Sie Ihre VWA präsentieren oder zu einer Aufgabenstellung sprechen sollen, nützen Sie Ihre Vorbereitungszeit für das Erstellen einer klaren Gliederung mit wichtigen Schlüsselwörtern als Hilfestellungen während Ihres Vortrages. Filtern Sie die für Sie wichtigen **Kernaspekte** heraus und versuchen Sie nicht, alles wiederzugeben. Beim monologischen Sprechen ist es Ihre Aufgabe, eine **Auswahl** zu treffen und den Zuhörerinnen und Zuhörern die wichtigsten Elemente klar zu schildern.

A3 Suchen Sie sich eine der bisher kennengelernten Literaturepochen aus und gestalten Sie auf einer A4-Seite eine klare, für Sie übersichtliche Gliederung, mit deren Hilfe Sie mindestens drei Minuten lang über diese Epoche sprechen können. Hören Sie sich als Klasse einige dieser Vorträge an und geben Sie Feedback.

Häufige Schwierigkeiten beim monologischen Sprechen

Schülerinnen und Schüler fürchten sich beim monologischen Sprechen am meisten vor den folgenden Schwierigkeiten: ein Blackout zu haben, den Faden zu verlieren, sich an einzelne wichtige Details nicht erinnern zu können und vom eigentlichen Thema abzuschweifen. Mit den folgenden Strategien gelingt es Ihnen wahrscheinlich, diese Probleme zu vermeiden oder im Ernstfall souverän mit ihnen umzugehen.

- **Blackout – Seien Sie ehrlich!**

Wenn Sie in Ihrem Vortrag plötzlich vor dem „völligen Nichts“ stehen, teilen Sie dies der Prüferin oder dem Prüfer mit. Anstatt schweigend dazustehen, erklären Sie kurz, dass Sie nervös sind und gerade einen Aussetzer haben. In den meisten Fällen wird die Prüferin oder der Prüfer Ihnen auf die Sprünge zu helfen versuchen. Ansonsten wiederholen Sie in Kürze, was Sie direkt vor dem Blackout gesagt haben und tasten Sie sich davon ausgehend erneut an das Thema heran.

- **Den Faden verlieren – Paraphrasieren!**

Nahezu allen Vortragenden passiert es ab und zu, dass sie den Faden verlieren und nicht mehr weiter wissen. Sollte das bei Ihnen vorkommen, hilft es in den meisten Fällen, erneut anzusetzen und das Gesagte in anderen Worten zu ergänzen. Sollte Ihnen partout nicht einfallen, womit Sie eigentlich weitermachen wollten, gehen Sie zu dem nächsten Punkt auf der Liste und ergänzen Sie notfalls das, was Sie ausgelassen haben, später.

- **Wichtige Details vergessen: Unnötiges streichen und Eselsbrücken einrichten!**

Nicht alle Daten und Fakten sind es wert, in Ihrem Vortrag erwähnt zu werden. Darüber hinaus stellen zu viele Kleinigkeiten eine häufige Fehlerquelle dar, denn wenn Sie Details erwähnen, sollten sie korrekt sein. Also streichen Sie bereits im Vorhinein alle Einzelheiten wie Daten und Begriffe, die nicht unbedingt notwendig sind, aus Ihrem Vortrag. Für die verbleibenden überlegen Sie sich Eselsbrücken bzw. Gedächtnishilfen, mit deren Hilfe Sie sich daran erinnern können.

- **Vom Thema abschweifen: Gliedern, gliedern, gliedern!**

Vom Thema schweift leicht ab, wer zwar viel zu sagen hat, aber keinen genauen „Fahrplan" hat. Daher überlegen Sie sich eine logische und kohärente Reihenfolge der zu nennenden Aspekte und bleiben Sie dabei, auch wenn es Zwischenfragen oder Kommentare gibt. Gehen Sie auf diese zwar ein, kehren Sie aber dann zu der von Ihnen festgelegten Gliederung zurück. So stellen Sie sicher, alles Wichtige gesagt zu haben.

A4 Recherchieren Sie zu zweit online, welche hilfreichen Gedächtnishilfen es gibt und wenden Sie diese auf folgende Daten an: 12. Mai 1952, 28. Juli 1883, 06. Dezember 1764.

Dialogisches Sprechen in der Prüfungssituation

Nahezu jede Schülerin und jeder Schüler ist vor großen Prüfungen nervös und befürchtet, Fehler zu machen. Wie bei allen anderen Gesprächen kann es auch beim Prüfungsgespräch zu Missverständnissen kommen. Mit guter Vorbereitung und einigen hilfreichen Strategien zur Überwindung kleinerer Probleme kann allerdings kaum etwas schiefgehen. Die häufigsten problematischen Situationen bestehen darin, dass man die Frage oder Aufgabenstellung nicht versteht, der Prüfende gezielt eine ganz bestimmte Antwort bzw. Formulierung hören will oder der Prüfling bei der Beantwortung der Fragen häufig unterbrochen wird. In all diesen Fällen ist es wichtig, dass Sie solche Probleme sofort deutlich kommunizieren, um das Gespräch erfolgreich weiterführen zu können.

Sprachwerkzeug: Schwierigkeiten beim dialogischen Sprechen meistern

Frage nicht verstanden/unklare Aufgabenstellung: Um Klärung bitten

Verzeihung, ich bin mir nicht sicher, was Sie mit dieser Frage genau gemeint haben. Meinten Sie, dass …
Es tut mir leid, ich habe die Frage nicht verstanden. Könnten Sie sie bitte anders formulieren?
Zielt die Aufgabenstellung auf … ab?
Ist hier gemeint, dass …?

Prüferin/Prüfer will auf eine bestimmte Antwort/Formulierung hinaus: Antwort umformulieren und Alternativen anbieten

Ich habe das Gefühl, ich treffe nicht genau den Punkt. Könnten Sie mir mit einem Hinweis weiterhelfen?
Mir scheint gerade der Fachbegriff entfallen zu sein, aber damit ist gemeint, dass …
Wenn ich Sie richtig verstehe, meinten Sie nicht, dass … Zielte Ihre Frage eher auf … ab?

Prüferin/Prüfer unterbricht häufig: Höflich darauf hinweisen, auf das Thema zurückkommen

Vielen Dank für die Zwischenfrage. Dürfte ich noch zum vorigen Punkt etwas anfügen?
Wenn ich noch einmal auf das vorher angesprochene Thema zurückkommen dürfte?
Verzeihung, aber mir scheint, wir haben hier einen Aspekt noch nicht besprochen.

Merkenswert: Monologisches und dialogisches Sprechen in Prüfungssituationen

Monologisches Sprechen bedeutet, sich ohne Zwischenfragen über längere Zeit zu einem Thema oder einer Aufgabenstellung zu äußern. Die Schwierigkeit besteht dabei oft darin, dass es kein direktes Feedback und wenige bis keine Hilfestellungen gibt.
Dialogisches Sprechen bezieht sich auf ein Gespräch zwischen prüfender Person und Prüfling. Dabei kann die Schwierigkeit in nicht gelungener Kommunikation zwischen den beiden Parteien liegen.

A5 Sprechen Sie in Gruppen von vier bis fünf Personen über erfolgreiche und nicht erfolgreiche Prüfungsgespräche und leiten Sie aus Ihren Erfahrungen Tipps für erfolgreiche Prüfungen ab. Formulieren Sie diese auf einem Blatt pro Gruppe aus.

Zwischenstopp

Sie sollten jetzt folgende Teilkompetenzen erworben haben:
- monologisches und dialogisches Sprechen in Prüfungssituationen unterscheiden können
- auf die jeweilige Situation im Prüfungsgespräch eingehen können
- mit Schwierigkeiten im Prüfungsgespräch umgehen können

Die Intention nichtliterarischer Texte

Wie Sie bereits wissen, haben die meisten Texte eine Intention, also ein Absicht, was bedeutet, sie werden geschrieben, um einen bestimmten Zweck zu erfüllen. Dabei geht es oft darum, die Leserschaft von bestimmten Sichtweisen zu überzeugen oder die Meinungen der Leserinnen und Leser zu beeinflussen bzw. zu ändern. Gerade nichtliterarische Texte haben eher selten die Absicht, nur zu unterhalten, sondern verfolgen mindestens einen Zweck, beispielsweise zu informieren, zu überzeugen oder zu appellieren.

A6 Befüllen Sie die folgende Tabelle mit möglichen Intentionen der einzelnen Textsorten.

Textsorte	Mögliche Intentionen
Glosse	
Filmkritik	
Flugblatt	
Werbeplakat	
Reisereportage	
Bedienungsanleitung	
Personenbeschreibung	

In vielen Fällen geht es bei der Intention nichtliterarischer Texte also darum, zu beeinflussen, was die Leserschaft von einer Sache hält bzw. wie sie zu einem Thema steht. Dies ist dann der Fall, wenn der Text keine oder nur wenige objektive Äußerungen tätigt und klar Stellung bezieht.

Sprachwerkzeug: Manipulative Aussagen

Es ist dabei sicher anzunehmen, dass …
Wie uns allen bekannt ist, …
Niemand kann sich vorstellen, dass …
Wenig überraschend reagierte das Unternehmen mit …
Wie vorherzusehen war …
Obwohl diese Sichtweise verständlich erscheinen mag, …
Kein verantwortungsvoller Mensch würde …

A7 Finden Sie selbst mindestens acht ähnliche Formulierungen, die eindeutig versuchen, das Gegenüber von einer Ansicht zu überzeugen. Vergleichen Sie Ihre Ergebnisse mit anderen aus der Klasse und überlegen Sie, weshalb solche Aussagen uns direkt oder indirekt beeinflussen.

A8 Suchen Sie in Tageszeitungen oder online nach einem Text, der eindeutig versucht, die Leserin oder den Leser in ihrer oder seiner Meinung zu beeinflussen. Formulieren Sie in eigenen Worten, welchen Einfluss der Text nimmt und argumentieren Sie Ihre Einschätzung mit Formulierungen aus dem Text.

Product Placement: „Versteckte" Werbung in Film und Fernsehen und ihr Erfolg

Der Begriff „Intention" bezieht sich natürlich nicht nur auf literarische Werke, auch in anderen medialen Bereichen spielen die mehr oder weniger offensichtlichen Absichten der Produzentinnen und Produzenten eine große Rolle. Besonders in Film und Fernsehen ist meist nicht nur die Unterhaltung des Publikums beabsichtigt, sondern zusätzlich können diese Medien und ihre Inhalte dazu verwendet werden, Firmen im Absatz ihrer Produkte zu unterstützen.

Film und Fernsehen macht seine Zuschauerinnen und Zuschauer (zwangsläufig) mit unterschiedlichen Produkten bekannt, weil die Schauspielerinnen und Schauspieler diese verwenden. Inzwischen hat sich aus dieser Tatsache der sehr rentable Wirtschaftszweig des Product Placement entwickelt.

A9 Lesen Sie den folgenden Bericht über Product Placement und identifizieren und markieren Sie Aussagen des Textes, die die Meinung der Leserschaft beeinflussen (sollen). Formulieren Sie anschließend in einigen Sätzen, welchen Standpunkt der Text vertritt und ob er auf Sie als Leserin oder Leser überzeugend wirkt.

Stiegl, Red Bull & Co: Wie es eine Marke in einen Film schafft

Von Ralf Hillebrand | 09.03.2016

Nicht nur Stiegl und Red Bull waren schon öfters in Hollywood-Produktionen zu sehen. Product Placement ist ein Millionen-Geschäft. Und daran ist auch Salzburg beteiligt.

Auf dem Tisch sitzen die Hauptdarsteller des Films, die drei Streifenhörnchen Alvin, Simon und Theodore. Daneben steht eine Flasche Cider, das Etikett der Marke ist Richtung Kamera gedreht. Was wie ein Zufall anmuten soll, ist keiner. Dahinter versteckt sich genau geplantes Product Placement. Ähnlich wie bei der Cider-Positionierung in „Alvin und die Chipmunks“ verhält es sich etwa bei Folgen der Erfolgsserie „Two and a Half Men“, bei der sich die Hauptdarsteller gerne eine Red-Bull-Dose aus dem Kühlschrank holen. Und erst vor kurzem wurde bekannt, dass der Stiegl-Radler in zwei Szenen des Hollywood-Films „Deadpool“ vorkommt – wenngleich es sich dabei um einen Zufall handeln soll: Stiegl kam angeblich ohne Zutun zur breitenwirksamen Werbung. Wer nicht so viel Glück hat, der muss tief in die Tasche greifen. Denn hinter Product Placement steckt eine Millionen-schwere Branche.

Agenturen vertreten beide Seiten

Die einzige Firma, die sich hierzulande hauptsächlich mit der Produktplatzierung in Film- und TV-Produktionen beschäftigt, ist ein Wiener Unternehmen, geleitet von Wolfgang Pappler. „Bei Product Placement wird das Produkt aktiv in die Handlung integriert“, beschreibt Pappler. Damit werde der Anwendernutzen „wesentlich positiver und glaubwürdiger dargestellt“. Doch wie kommt eine Marke überhaupt in einen Film? Im Regelfall über Agenturen wie jene von Wolfgang Pappler: „Wir vertreten beide Seiten. Markenartikelkunden, die in Filmen oder TV-Produktionen vorkommen wollen. Und auch Produzenten, die nach Markenartikelkunden suchen.“

Das Product Placement gestaltet mit

Das Mitspracherecht der Product-Placement-Kunden kann weitaus größer sein, als man annehmen könnte: „Entweder bekommen wir das fertige Drehbuch und suchen dann nach Möglichkeiten der Platzierung. Oder wir sind bereits in die Produktion eingebunden.“ In solchen Fällen werden den Drehbuchautoren und Regisseuren Szenen vorgeschlagen, in denen das Produkt eingebaut werden könnte.
Auch Stiegl hat Pappler bereits zum Film vermittelt - etwa für zwei Szenen im mehrfach preisgekrönten Karl-Markovics-Film „Atmen“. Bei der Komödie „Die Mamba“ mit Michael Niavarani oder beim Hollywoodklassiker „E.T. – Der Außerirdische“ hatte Pappler ebenso seine Finger im Spiel.

So teuer kann Produktplatzierung sein

Wie teuer solche und ähnliche Produktplatzierungen sind, will Pappler nicht sagen: „Das wäre unseriös. Es ist von Produktion zu Produktion verschieden.“ Der Experte gibt aber einen Richtwert aus: „Product Placement ist rund 30 Prozent günstiger als vergleichbare klassische Werbung.“ Somit könnten bei Großproduktionen siebenstellige Beträge fließen. Und zwar nicht nur in Hollywood: „Der arabische Fernsehmarkt ist besonders spannend. Die technische Reichweite beträgt rund eine Milliarde Menschen.“

Auch das Salzburger Land wird abgebildet

Product Placement kann aber noch weiterreichen - es können ganze Regionen oder sogar ein bestimmtes Image gegen Bezahlung in Filmen und TV-Produktionen platziert werden: „In einem Götz-George-Tatort haben wir einmal für die deutsche Aids-Hilfe einen HIV-Test eingebaut, um darauf aufmerksam zu machen.“ Und beim sogenannten „Location Placement“ werden bewusst Landstriche eingebunden – Stichwort Tourismuswerbung. Auch das Land Salzburg war schon mehrmals an solchen Produktionen beteilig, jedoch ohne zwischengeschaltete Agentur: „Dafür fehlt uns schlichtweg das Budget“, sagt Christopher Losmann vom SalzburgerLand

Tourismus. „Entweder kommen die Produzenten auf uns zu, wie etwa Toyota vor kurzem für einen Werbespot mit ‚Sound of Music'-Bezug. Oder wir nutzen unsere guten Kontakte zu den Medienproduzenten und fragen bewusst nach Möglichkeiten."

Kein Product Placement im ORF

Eine Auflage, wie oft Produktplatzierung in einem – privatwirtschaftlich produzierten – Film vorkommen darf, gibt es indes nicht. „Wir achten aber darauf, dass wir es nicht übertreiben. Das kann sonst Reaktanzen beim Zuschauer auslösen", sagt Wolfgang Pappler. Bei ORF-Produktion sei Product Placement hingegen nur in Form von sogenannten Produktionshilfen erlaubt: „Dem ORF dürfen nur Naturalien unentgeltlich zur Verfügung gestellt werden." Auch in der Markenwelt rät Pappler nicht jedem Unternehmen zu Produktplatzierung: „Es macht erst dann Sinn, wenn das Produkt einen gewissen Wiedererkennungswert hat. Sie sollten also schon bekannt sein, bevor Sie auf Product Placement setzen."

QUELLE: http://www.salzburg.com/nachrichten/medien/sn/artikel/stiegl-red-bull-co-wie-es-eine-marke-in-einen-film-schafft-186989/; (abgerufen am 22.05.2017)

A10 Diskutieren Sie mit Ihrer Partnerin oder Ihrem Partner, für wie erfolgreich Sie Product Placement halten. Für welche Produkte halten Sie Product Placement für eine geeeignete Werbeform, für welche nicht? Erstellen Sie gemeinsam eine Liste und begründen Sie Ihre Auswahl.

Merkenswert: Product Placement

Product Placement bezeichnet das **bewusste Einbauen von Produkten** in Film und Fernsehen, um diese beim Publikum zu bewerben und für einen größeren Bekanntheitsgrad zu sorgen. Diese Art der Werbung kann relativ kostspielig sein, je nachdem, wie häufig oder wie intensiv das Produkt beworben werden soll.

Product Placement in sozialen Netzwerken

Selbstverständlich beschränkt sich Product Placement nicht nur auf Filme und Serien, sondern hat schon lange die sozialen Medien erreicht. Hier allerdings besteht die Problematik darin, dass Werbung für Produkte in den meisten Fällen für das Publikum nicht offensichtlich und daher besonders manipulativ ist.

A11 Sehen Sie sich ein Video zum diesem Thema unter dem Link https://www.youtube.com/watch?v=FAiA-gxTwOyE an. Befüllen Sie anschließend folgende Tabelle.

Erwähnte Netzwerke	Kritikpunkte an der gemachten Werbung	Vorteile für Firmen und Bloggerinnen und Blogger

Zwischenstopp

Sie sollten jetzt folgende Teilkompetenzen erworben haben:
- über die mögliche Intention nicht-literarischer Texte sprechen können
- den Einsatz von Product Placement in Film und Fernsehen erkennen können
- sich kritisch über Product Placement in sozialen Netzwerken äußern können

Der Leserbrief

Merkenswert: Die wichtigsten Merkmale des Leserbriefs

Der **Leserbrief** ist üblicherweise eine **Reaktion** auf einen veröffentlichten Bericht oder Artikel (Denken Sie an den Textbezug!) und daher eine Textsorte, die klar und deutlich **Ihre eigene Meinung** zu einem Thema ausdrückt und schlüssig **begründet**. Er soll die Leserin oder den Leser von der Meinung der Verfasserin oder des Verfassers **überzeugen**. Der Leserbrief gehört zu den kürzeren Maturatextsorten (üblicherweise 270–330 Wörter), weshalb Sie zu Beginn des Schreibprozesses eine **klare Auswahl** bezüglich der von Ihnen behandelten Aspekte treffen sollten.

Auf dem Weg zur Matura

Thema: „Product Placement in Filmen und Serien"

A12 Verfassen Sie einen **Leserbrief**.

Situation: Immer wieder fallen Ihnen in Ihrem täglichen Leben bei der Mediennutzung Werbungen für bestimmte Produkte auf. Zu diesem Thema haben Sie in einer Tageszeitung den Artikel „Stiegl, Red Bull & Co: Wie es eine Marke in einen Film schafft" gelesen. Sie entschließen sich dazu, einen Leserbrief zu verfassen, indem Sie gegen Product Placement Protest einlegen.

Lesen Sie den Zeitungsartikel auf Seite 35.

Verfassen Sie nun den Leserbrief und bearbeiten Sie dabei die folgenden Arbeitsaufträge:
- **Erklären Sie den Begriff Product Placement und fassen Sie in Bezug auf den Inputtext kurz zusammen, wie Product Placement funktioniert.**
- **Erläutern Sie, inwiefern Product Placement (negativen) Einfluss auf das Publikum nehmen kann.**
- **Formulieren Sie die Forderung an Erwachsene und Erziehungsberechtigte, Kindern und Jugendlichen die Problematik bewusst zu machen.**

Schreiben Sie zwischen 270 und 330 Wörter. Markieren Sie Absätze mittels Leerzeilen.

Merkenswert: Textbezug (Basissatz) verfassen

Wie Sie inzwischen wissen, ist das Einbauen von Textbezügen in Ihre Texte bei vielen Textsorten von großer Wichtigkeit. Achten Sie dabei auf die Vollständigkeit des Textbezuges (Basissatzes) und bauen Sie Verfasser oder Verfasserin, Titel, Herausgeber oder Herausgeberin, Erscheinungsort und Datum (wenn bekannt) ein. Legen Sie außerdem Wert darauf, unterschiedliche Formulierungen zu verwenden und nicht nur einen „Standardsatz" im Repertoire zu haben.

Auf dem Weg zur Matura

Thema: „Testberichte und ihr Einfluss auf die Konsumgesellschaft"

A13 Verfassen Sie einen **Leserbrief**.

Situation: In der letzten Deutschstunde hat Ihre Klasse über das Thema Testberichte und Produktrezensionen diskutiert. Zu diesem Thema haben Sie auch den Artikel „Die gefährliche Macht der Stiftung Warentest" gelesen. Sie entschließen sich dazu, einen Leserbrief an die Stiftung Warentest zu schreiben, um Ihren Standpunkt zu Testberichten darzulegen.

Lesen Sie den folgenden Zeitungsartikel.

Verfassen Sie nun den Leserbrief und bearbeiten Sie dabei die folgenden Arbeitsaufträge:

- **Legen Sie unter Bezugnahme auf den Artikel Ihren eigenen Standpunkt zu Instanzen wie Stiftung Warentest dar und begründen Sie diesen.**
- **Erläutern Sie, welchen Einfluss solche Organisationen auf die Konsumgesellschaft haben und wie diese damit umgehen sollten.**
- **Machen Sie konkrete Vorschläge, durch welche Maßnahmen das Vertrauen von Konsumentinnen und Konsumenten in Testberichte und Produktrezensionen gestärkt werden könnte.**

Schreiben Sie zwischen 270 und 330 Wörter. Markieren Sie Absätze mittels Leerzeilen.

Die gefährliche Macht der Stiftung Warentest

Von Anette Dowideit, Vanessa Schlesier | 06.05.2014

Kaum jemandem vertrauen die Deutschen so sehr wie der Stiftung Warentest. Zu Recht? Bisher unbekannte Dokumente wecken Zweifel an den Methoden und der Zuverlässigkeit des Instituts.

Jessica Lange werkelt im Labor, sie traktiert eine Holzente. Lässt sie auf den Boden fallen, steckt sie in ein Röntgengerät, um zu testen, ob die Farbe mit Schwermetallen belastet ist. Die Ente besteht alle Tests. Lange legt sie ins Regal mit der Aufschrift „geprüft".

Lange ist eine von vier Sicherheitsprüferinnen bei Gollnest & Kiesel, einem Holzspielzeughersteller in Schleswig-Holstein, der Schnullerketten, Puppenhäuser und Krippenfiguren verkauft. Güster, der Sitz der Firma, ist ein Örtchen aus typisch norddeutschen roten Backsteinhäusern, das Firmengelände liegt zwischen Bauernhöfen. Es ist keine sehr große Firma, 650 Mitarbeiter, aber sie testet selbst und schickt jedes Jahr fast 200 Produkte in externe Labore, um auszuschließen, dass Kinder durch die eingesetzten Farben oder Klebstoffe gefährdet werden könnten.

Im vergangenen Sommer war ein Greifring für Babys bei Frau Lange im Labor. Die Testwerte waren unauffällig. Solche Ringe würden heute wohl in Kinderwagen und Spielzeugkisten landauf, landab liegen. Wäre da nicht die Stiftung Warentest. Sie entschied in einem Test im vergangenen Dezember, der Greifring sei nicht babytauglich: Note 4,3, schlechter als ausreichend. Der Grund war ein Stück Gummischnur im Inneren des Spielzeugs, das unter bestimmten Umständen krebserregend sein könnte. Glaubt man dem Test, ist der Greifring für Babys lebensgefährlich. Fragt man andere unabhängige Tester, dann ist die Gefahr nur sehr theoretisch gegeben.

Keiner Instanz glauben die Verbraucher mehr

Es gibt wohl keine Instanz in Deutschland, der die Verbraucher so vertrauen wie den Produktwächtern aus Berlin. Die Stiftung, die dieses Jahr 50 wird, gilt nach den Skandalen beim ADAC als letzte Bastion der Unabhängigkeit gegenüber der Industrie, ihr „test"-Heft als Bibel des kritischen Konsumenten. Drei von vier Deutschen suchen laut einer Umfrage von 2010 regelmäßig Rat bei Testinstituten, bevor sie eine größere Anschaffung machen. Und die Stiftung ist das beliebteste. Senkt sie den Daumen, kann das die Hersteller Hunderttausende Euro kosten, oft nehmen die Händler die Waren aus den Regalen. Denn die Testergebnisse werden über Medien und das Internet millionenfach reproduziert, über Jahre hinweg.

Das wäre ja auch in Ordnung, wären die Tests jederzeit nachvollziehbar und lebensnah konzipiert. Allerdings hat die Stiftung zuletzt mit einer Reihe fragwürdiger Entscheidungen einiges Vertrauen verspielt. Die Kritiker werden mehr – und lauter. Und: Eine Reihe von Dokumenten, die der „Welt am Sonntag" vorliegen, wecken Zweifel an den Methoden und dem Urteilsvermögen der Tester.

Kritiker: Stiftung bauscht Gefahren auf

Kritiker, darunter eine Reihe namhafter Produktforscher, werfen der Stiftung unter anderem vor, sie habe seit ein paar Jahren immer wieder winzige Schadstoff-Funde zu vermeintlich drastischen Gesundheitsgefahren aufgebauscht – wie im Fall des Babygreifrings.

Die Werte, die die Stiftung fand, liegen so minimal oberhalb des gesetzlichen Grenzwerts, dass sie gut durch eine Messunsicherheit beim Analysegerät hervorgerufen sein könnten. So beurteilt etwa Alexander Breunig den Fall, der Leiter des Spielwarenlabors des Prüfinstituts Intertek. Breunig untersucht häufig Spielwaren auf genau diese Stoffe, und er sagt: „Zur Frage, ob davon eine toxikologische Gefährdung ausgehen könnte: wohl eher nein."

1,07 Milligramm pro Kilo, das macht bei den 15 Zentimeter Schnur im Greifring, die deutlich weniger als ein Gramm wiegen, knapp ein Millionstel Gramm. Und dieser Stoff könne erst dann gefährlich werden, wenn er im Speichel mit Nitrit in Berührung komme. Das Baby müsste also zum Beispiel erst die Holzperlen zerbeißen, dann an der Schnur nuckeln und gleichzeitig ein Stück Salami im Mund haben, wie Breunig erklärt. Dann erst sei der Stoff potenziell krebserregend.

Für einen anderen Wissenschaftler, der die Arbeit der Produkttester seit Jahren kritisch verfolgt, ist der Spielzeugfall symptomatisch. „Die Stiftung skandalisiert mittlerweile nahezu willkürlich. Sie schürt Ängste unter den Verbrauchern, die teilweise völlig unberechtigt sind", sagt Michael Braungart, wissenschaftlicher Leiter des Hamburger Umweltinstituts. Der Verein forscht seit mehr als 20 Jahren zu Schadstoffbelastungen in Produkten, er arbeitet mit Regierungsbehörden und Universitäten zusammen. […]

QUELLE: https://www.welt.de/wirtschaft/article127657735/Die-gefaehrliche-Macht-der-Stiftung-Warentest.html; (abgerufen am 12.03.2017)

Die Meinungsrede

Merkenswert: Die wichtigsten Merkmale der Meinungsrede

Die **Meinungsrede** zielt auf das Ansprechen eines **bestimmten Publikums** im Rahmen einer **genau definierten Sprechsituation** ab. Dabei ist es wichtig, sich beim Verfassen des Textes immer wieder in Erinnerung zu rufen, dass **Stil und Wortwahl** auf die Zuhörerschaft abgestimmt sein und zugleich dem Thema entsprechen sollten. Dabei hat die Sprecherin oder der Sprecher im Sinn, das Publikum von der Wichtigkeit ihres oder seines Anliegens zu **überzeugen**, was er oder sie mithilfe von **Argumenten** und **rhetorischen Stilmitteln** versucht. In vielen Fällen geht es auch um den **Appell** an das Publikum, sich in einer gewissen Weise zu verhalten oder gewisse Aktionen zu setzen. Von einem zu komplizierten Stil sollten Sie absehen, da Ihre Sprache anschaulich genug sein sollte, um ihr problemlos zu folgen. Die Meinungsrede ist üblicherweise eine der längeren Textformen (405–495 oder 540–660 Wörter).

Auf dem Weg zur Matura

Thema: „Umgang mit alternativen Fakten"

A14 Verfassen Sie eine **Meinungsrede**.

Situation: Da Sie politisch sehr interessiert sind, haben Sie zum Thema „Alternative Fakten" bereits einiges gehört und auch den Artikel „March for Science" in Hessen – Forscher demonstrieren gegen „Alternative Fakten" gelesen. Ihre Lehrperson hat Sie nun gebeten, vor Ihrer Klasse eine Meinungsrede zum Thema „Umgang mit alternativen Fakten" zu halten.

Lesen Sie den Zeitungsartikel nach A30 auf S. 48.

Verfassen Sie nun die Meinungsrede und bearbeiten Sie dabei die folgenden Arbeitsaufträge:
- **Erklären Sie unter Bezugnahme auf den Artikel den Begriff „Alternative Fakten" und zeigen Sie auf, weshalb alternative Fakten so problematisch sein können.**
- **Weisen Sie darauf hin, wie verantwortungsvoller Umgang mit Informationen und Fakten aussehen sollte.**
- **Appellieren Sie an Ihre Mitschülerinnen und Mitschüler, an einem Protest, wie er im Artikel erwähnt wird, teilzunehmen oder nicht teilzunehmen.**

Schreiben Sie zwischen 540 und 660 Wörter. Markieren Sie Absätze mittels Leerzeilen.

Zwischenstopp

Sie sollten jetzt folgende Teilkompetenzen erworben haben:
- einen Leserbrief planen, verfassen und überarbeiten können
- eine Meinungsrede planen, verfassen und überarbeiten können

Exilliteratur

Im Zuge des Zweiten Weltkriegs und der politischen Entwicklung Deutschlands hin zu diesem Weltkrieg flohen immer mehr Menschen, darunter natürlich auch Künstlerinnen und Künstler und Schriftstellerinnen und Schriftsteller, in andere Länder, um der Verfolgung durch die Nationalsozialisten zu entgehen. Die Literatur, die in dieser Zeit durch die geflohenen und daher im Exil lebenden Schriftstellerinnen und Schriftsteller entstand, wird **Exilliteratur** genannt. Generelle Themen, die darin vorkommen oder ein genauer Zeitrahmen, innerhalb dessen sie entstanden ist, kann daher kaum angegeben werden, da die Literatur so unterschiedlich ist wie die jeweiligen Autorinnen und Autoren.

Merkenswert: Exilliteratur

Literatur, die von unfreiwillig **im Ausland lebenden Schriftstellern** verfasst wurde, nennt man Exilliteratur. Der Grund ihrer Flucht aus Deutschland bestand meistens in der **Verfolgung** durch Nationalsozialisten aufgrund ihrer systemkritischen Haltung und/oder weil sie jüdischer Abstammung waren.

A15 Erstellen Sie eine Liste mit fünf bis sieben Exilliteraten und ihren Werken. Recherchieren Sie außerdem, wie mit systemkritischen Künstlern und Schriftstellern in der Zeit des Zweiten Weltkrieges umgegangen wurde.

Bertolt Brecht: Exilliterat

Bertolt Brecht gehört mit zu den bekanntesten deutschen Schriftstellern im Exil. Er hat zahlreiche prägende Werke wie *Mutter Courage* oder *Der gute Mensch von Sezuan* verfasst und darüber hinaus das epische Theater als neue dramatische Form begründet. Brecht kehrte allerdings anders als manch andere Schriftstellerinnen und -schriftsteller aus dem Exil nach Berlin zurück. Zu Brechts wichtigsten Beiträgen zur literarischen Welt gehört sein Konzept des epischen Theaters, das Sie hier ebenfalls kennenlernen werden.

ur7kz6 **A16** Sehen Sie sich das Video zu Bertolt Brecht und seinem Leben unter dem Link https://www.youtube.com/watch?v=HKA-CsO35Qo an. Fassen Sie anschließend in tabellarischer Form die wichtigsten Stationen seines Lebens zusammen und nennen Sie wichtige Werke sowie seinen Einfluss auf die literarische Welt.

4pi7fe **A17** Sehen Sie sich die unter dem Link https://kuenste-im-exil.de/KIE/Content/DE/Personen/brecht-bertolt.html aufrufbare Website an und lesen Sie das dort publizierte Gedicht. Inwiefern steht sein Inhalt mit Exilliteratur in Zusammenhang?

Das epische Theater Brechts

Das **epische Theater** stellt eine neue Form des Dramas dar, in der sich Gattungsmerkmale der Epik und Dramatik vermischen. Es soll nach dem Willen Bert Brechts das Publikum einerseits unterhalten, andererseits ein Bewusstsein für die Gegebenheiten, die dargestellt werden, schaffen und zum Handeln motivieren. Anders als bei Aristoteles soll das Publikum durch spezielle Effekte darauf aufmerksam gemacht werden, dass es selbst in Aktion treten kann und muss. Diese sogenannten **Verfremdungseffekte** unterbrechen das Theaterstück und zielen darauf ab, den Zuseher und die Zuseherin aus dem angenehmen Verfolgen des Stückes zu reißen und zum Nachdenken zu bringen. Dies kann in Form der direkten Ansprache des Publikums geschehen, durch Musik, durch Bilder oder durch andere Methoden.

A18 Lesen Sie den folgenden Epilog aus Brechts Drama *Der gute Mensch von Sezuan* und überlegen Sie gemeinsam, inwiefern diese Textstelle einen Verfremdungseffekt hat und wozu der Epilog aufruft. Recherchieren Sie anschließend online, welche Verfremdungseffekte in Theaterstücken eingesetzt werden und fassen Sie Ihre Suchergebnisse in ein bis zwei Absätzen zusammen.

Bertolt Brecht: **Der gute Mensch von Sezuan**

EPILOG
Vor den Vorhang tritt ein Spieler und wendet sich entschuldigend an das Publikum mit einem Epilog.

Verehrtes Publikum, jetzt kein Verdruß:
Wir wissen wohl, das ist kein rechter Schluß.
Vorschwebte uns: die goldene Legende.
Unter der Hand nahm sie ein bitteres Ende.
Wir stehen selbst enttäuscht und sehn betroffen
Den Vorhang zu und alle Fragen offen.
Dabei sind wir doch auf Sie angewiesen
Daß Sie bei uns zu Haus sind und genießen.
Wir können es uns leider nicht verhehlen:
Wir sind bankrott, wenn Sie uns nicht empfehlen!
Vielleicht fiel uns aus lauter Furcht nichts ein.
Das kam schon vor. Was könnt die Lösung sein?
Wir konnten keine finden, nicht einmal für Geld.
Soll es ein andrer Mensch sein? Oder eine andre Welt?
Vielleicht nur andere Götter? Oder keine?
Wir sind zerschmettert und nicht nur zum Scheine!
Der einzige Ausweg wär aus diesem Ungemach:
Sie selber dächten auf der Stelle nach
Auf welche Weis' dem guten Menschen man
Zu einem guten Ende helfen kann.
Verehrtes Publikum, los, such dir selbst den Schluß!
Es muß ein guter da sein, muß, muß, muß!

QUELLE: Bertolt Brecht: Der gute Mensch von Sezuan. Frankfurt/Main: Suhrkamp Verlag 1964 (in Originalschreibung)

Die Literatur der 60er bis 80er Jahre – Ingeborg Bachmann, Peter Handke und Elfriede Jelinek

Die Literatur dieser Jahrgänge kann kaum zusammengefasst werden, da sie so viele literarische Strömungen beinhaltet und gesellschaftliche wie politische Entwicklungen abbildet. Die politischen Unruhen dieser Zeit, die Nachwehen des Zweiten Weltkrieges und moderne soziale Entwicklungen

sorgten für eine **Vielzahl literarischer Formen** und **Themen**. Drei der bekanntesten Autoren dieser Zeitspanne sind Ingeborg Bachmann, Peter Handke und Elfriede Jelinek, die allesamt die deutsche Literaturlandschaft maßgeblich beeinflusst haben.

su8vj9

A 19 Befüllen Sie nach einer Recherche entweder in Ihrer Literaturgeschichte oder online die folgende Tabelle.

	60er Jahre	70er Jahre	80er Jahre
Wichtige Vertreter/innen			
Literarische Strömungen			
Gesellschaftliche Entwicklungen			
Politische Entwicklungen			

A 20 Bringen Sie in Gruppen von drei Personen jeweils die wichtigsten Informationen über entweder Ingeborg Bachmann, Peter Handke oder Elfriede Jelinek in Erfahrung. Einigen Sie sich vorab, wer für welche Autorin oder welchen Autor zuständig ist. Fassen Sie die Ergebnisse auf einem Blatt Papier zusammen und präsentieren Sie sie den anderen in der Gruppe.

A 21 Lesen Sie das folgende sehr bekannte Gedicht von Ingeborg Bachmann. Markieren und benennen Sie verwendete rhetorische Stilmittel und identifizieren Sie das Hauptthema.

Ingeborg Bachmann: **Die gestundete Zeit**

Es kommen härtere Tage.
Die auf Widerruf gestundete Zeit
wird sichtbar am Horizont.
Bald musst du den Schuh schnüren
und die Hunde zurückjagen in die Marschhöfe.
Denn die Eingeweide der Fische
sind kalt geworden im Wind.
Ärmlich brennt das Licht der Lupinen.
Dein Blick spurt im Nebel:
die auf Widerruf gestundete Zeit
wird sichtbar am Horizont.

Drüben versinkt dir die Geliebte im Sand,
er steigt um ihr wehendes Haar,
er fällt ihr ins Wort,
er befiehlt ihr zu schweigen,
er findet sie sterblich
und willig dem Abschied
nach jeder Umarmung.

Sieh dich nicht um.
Schnür deinen Schuh.
Jag die Hunde zurück.
Wirf die Fische ins Meer.
Lösch die Lupinen!

Es kommen härtere Tage.

QUELLE: Bachmann, Ingeborg: Sämtliche Gedichte. München/Berlin: Piper 2009.

A 22 Lesen Sie das folgende Interview mit Peter Handke über seine Erzählung „Wunschloses Unglück" und diskutieren Sie mit Ihrer Partnerin oder Ihrem Partner über den Eindruck, den man durch dieses Interview von Handke und dessen Werk erhält. Begründen Sie, ob Sie nach der Lektüre dieses Textes „Wunschloses Unglück" lesen würden oder nicht.

Als Peter Handke den Selbstmord der Mutter erlebte

Von Ulrich Weinzierl | 07.11.2009

1972 nahm sich seine Mutter das Leben. In der Erzählung „Wunschloses Unglück" verarbeitete Peter Handke seine Gefühle. Im Interview mit WELT ONLINE spricht der Autor über die Sonderstellung des Werkes, geleistete Trauerarbeit und den einen oder anderen missglückten Satz.

WELT ONLINE: „Wunschloses Unglück", die Erzählung über den Selbstmord Ihrer Mutter, war eines Ihrer erfolgreichsten Bücher. Nimmt es auch für Sie, in Ihrem Werk, eine Sonderstellung ein?

Peter Handke: Nur insofern: Hier war nichts zu erfinden. Ich konnte nichts erfinden. Ich war immer daran gewöhnt, bin es immer noch gewöhnt, weniger nachzuerzählen als vorzuerzählen. Das Nacherzählen von etwas Schrecklichem, Traurigem kam mir nicht statthaft vor. Es hat nicht so sehr mit meiner Mutter zu tun als mit einem sterbenden Menschen, der auf den Tod zugeht.

WELT ONLINE: War das Schreiben eine Hilfe, das Ganze zu bewältigen?

Handke: Ich wollte mir nicht helfen, ich wollte einfach die Geschichte, so weit sie mir noch gegenwärtig war zwei Monate nach dem Tod, erzählen. Es hatte auch nicht den Effekt der Hilfe. Ich habe nicht den mindesten Moment einer Beruhigung erlebt danach. Immerhin habe ich vielleicht gedacht: Jetzt ist es getan. Das zumindest ist geschehen, das kann man nicht mehr aus der Welt schaffen, dass diese Geschichte erzählt ist. [...]

WELT ONLINE: Der Titel „Wunschloses Unglück" ist ein geflügeltes Wort geworden.

Handke: Der ist gar nicht von mir. Der Abdruck im „Merkur" hieß noch, frei nach Kant: „Interesseloser Überdruss". Ich fand das ein bisschen verzopft. Den Rhythmus wollte ich beibehalten und habe dem Verlag einige Vorschläge gemacht. Ich glaube aber, „Wunschloses Unglück" war eine Erfindung der Lektorin bei Residenz, Gertrud Frank. Im Englischen wurde dann daraus, man kann's eigentlich nicht übersetzen, „A Sorrow Beyond Dreams" – Kummer jenseits der Träume.

WELT ONLINE: War Wunschlosigkeit das Unglück Ihrer Mutter? Dass man ihr es ausgetrieben hat, überhaupt noch etwas zu wünschen?

Handke: Ich glaube nicht einmal, dass sie wunschlos war. Im Grunde stimmt der Titel nicht, wie viele meiner Titel. Zum Beispiel „Die Angst des Tormanns beim Elfmeter". Der Tormann hat gar keine Angst, er ist der, der am Schluss keine hat. Meine Mutter hatte bis zum Ende Wünsche. Sie hat sich immer noch einen anderen Mann gewünscht, einen, der „ein Kavalier" ist. Ich weiß gar nicht, was sie damit gemeint hat. Es ist oft ein Widerspruch zwischen Geschichte und Titel, der nicht Lüge sein muss.

WELT ONLINE: Hat Ihre Mutter nicht auch große Literatur mit Ihnen gelesen?

Handke: Ja, und sie hat dabei alles radikal auf sich bezogen, das war schön und zugleich gefährlich für sie. Ich habe vielleicht auch einmal so gelesen wie meine Mutter: Jedes Buch als Struktur einer möglichen Autobiografie von sich selber. Mit Kafka wollte sie sich nicht identifizieren. Das kenne ich, kenne ich von meinen Ämtern, sagte sie. Sie wollte nicht etwas lesen, wo sie zu sehr vorkam. Dostojewski hat wahrscheinlich am meisten ihrer Seele entsprochen, ihrer gequälten und doch sehr liebenden und sehr vielfältigen Seele, die auf Erlösung aus war. Sie war erlösungsbedürftig. Obwohl sie nicht religiös war, sogar eher antireligiös gegen Ende ihres Lebens, vielmehr antiklerikal. […]

WELT ONLINE: Der Schlusssatz von „Wunschloses Unglück" ist inzwischen längst berühmt geworden: „Später werde ich über das alles Genaueres schreiben."

Handke: Das ist auch ein Blödsinn. Das Wort „genau" ist schon falsch. „Mit mehr Einzelheiten" wollte ich sagen. Ich habe dann später versucht, wie Thomas Wolfe, eine Art Epos der Familie zu erträumen: im Roman „Die Wiederholung". An die Mutter habe ich mich nicht mehr so recht herangewagt.

WELT ONLINE: In Salzburg haben Sie mehrere Jahre gelebt, in Berlin, in und bei Paris. Gibt es in Ihrem Gefühlshaushalt so etwas wie den Begriff Heimat? Oder fühlen Sie sich am ehesten im Reisen, im Wandern zuhause?

Handke: Einfache Fragen sind immer schwer zu beantworten. Ich weiß, dass ich eine Pflicht habe: Die ganze Welt sollte Heimat sein. Deswegen gibt es ja auch das Wort „Weltbürger". Aber es gelingt mir nicht. Für mich sind alle Orte Flüchtigkeiten. Irgendwann merkt man, dass man nirgendwo wurzelt, die Orte keine Dauer haben. Außer Sprache vielleicht. Wenn ich am Schreibtisch sitze, das mache ich wirklich nicht jeden Tag, es ist eher die Ausnahme, dann denke ich: Das ist Heimat jetzt, ja – eine ephemere Heimat, die Arbeit, Tun – „tun" ist schöner gesagt als „arbeiten"?

QUELLE: https://www.welt.de/kultur/article5110963/Als-Peter-Handke-den-Selbstmord-der-Mutter-erlebte.html; (abgerufen am 30.04.2017)

A 23 Diskutieren Sie im Plenum, ob Sie tragische Ereignisse wie Handke in einem Buch verarbeiten würden. Was spricht dafür, was dagegen?

Elfriede Jelineks Werke sind für eine sehr deutliche, grafische Sprache und teilweise verstörende und beeindruckende Szenen bekannt. Eines der bekanntesten Beispiele ist „Die Klavierspielerin". Auch gesellschaftliche Tabuthemen spricht die Autorin häufig an.

w2uf2b

A 24 Lesen Sie unter dem Link https://kurier.at/kultur/die-klavierspielerin-von-elfriede-jelinek/714.943 eine Rezension zu dem Buch und begründen Sie im Anschluss daran, ob Sie dieses Werk lesen würden.

8bj7tr

A 25 Lesen Sie unter dem Link https://www.nobelprize.org/nobel_prizes/literature/laureates/2004/jelinek-lecture-g.html die Rede Elfriede Jelineks zum Empfang des Nobelpreises. Wählen Sie vier bis fünf Sätze aus, die Sie persönlich ansprechen und kommentieren Sie diese.

Zwischenstopp

Sie sollten jetzt folgende Teilkompetenzen erworben haben:
- über Exilliteratur und einen ihrer Vertreter sprechen können
- mit unterschiedlichen Texten und Informationen aus bestimmten literarischen Epochen umgehen können
- die Hauptthemen von Inputtexten erkennen und vergleichen können

Umgang mit Informationen in Medien

Durch die vielfältigen Arten neuer Medienformen müssen Sie als Nutzerinnen und Nutzer dieser Medien zwangsläufig mit vielen unterschiedlichen Informationen und Informationsquellen umgehen (lernen). Es ist dabei nicht immer einfach, zwischen nützlichen und unnützen, objektiven und subjektiv gefärbten und korrekten und inkorrekten Informationen zu unterscheiden. Dazu gehört **eine kritische, hinterfragende Denkhaltung** und Offenheit für andere, sich nicht immer mit der eigenen Meinung deckende Ansichten.

A 26 Sammeln Sie gemeinsam mit Ihrer Partnerin oder Ihrem Partner möglichst viele Fragen, die Sie sich vor, während und nach der Lektüre von Nachrichten oder Texten stellen sollten, um möglichst objektiv beurteilen zu können, wie relevant und korrekt die im Text dargestellten Informationen sind. Sehen Sie sich dazu als Hilfestellung die unten angeführten Beispiele an.

- Deutet der Stil des Textes auf eine sachliche Berichterstattung hin?
- Geben andere Quellen den Inhalt des Textes ähnlich wieder oder gibt es zusätzliche/ andere Informationen?
- Scheint die Quelle des Textes eine glaubwürdige zu sein?

Vermeidung von Stereotypen

Je bewusster Sie sich sind, dass wir alle stereotype Weltanschauungen haben und dass diese nicht hilfreich dabei sind, anderen Menschen und Kulturen offen zu begegnen, umso leichter sollte es Ihnen fallen, auch Fakten, die Ihre eigenen Ansichten scheinbar unterstützen, kritisch zu betrachten und auf ihren eigentlichen Wahrheitsgehalt hin zu überprüfen.

7s8a3g

A 27 Sehen Sie sich unter dem Link https://www.youtube.com/watch?v=MWce9DFeLAo das Video zu Stereotypen bis zur Minute 6:20 an und nehmen Sie selbst an der Übung teil. Beantworten Sie anschließend schriftlich in ganzen Sätzen folgende Fragen.

- Erklären Sie den Begriff „Stereotyp" in eigenen Worten.
- Welche Funktionen haben Stereotype?
- Welchen Zweck hat die Durchführung der „Zitronenübung"?
- Welche Schlüsse haben Sie für sich selbst aus dieser Übung gezogen?

A 28 Sammeln Sie in Gruppen von drei bis vier Personen einige stereotype (positive und negative) Aussagen in Bezug auf die Europäische Union. Finden Sie anschließend mithilfe einer Online-Recherche ungefähr drei Zeitungsberichte, die Ihre Aussagen (scheinbar) mit Argumenten unterstützen. Diskutieren Sie im Anschluss über folgende Fragen und fassen Sie Ihre Diskussionsergebnisse kurz mündlich für den Rest der Klasse zusammen.

- Weshalb ist es problematisch, wenn Nachrichten für Nutzer/innen nach „individuellem Interesse gefiltert" werden?
- Welchen Einfluss hat einseitige Berichterstattung auf die Leserschaft?
- Welche Schritte kann die einzelne Nutzerin oder der einzelne Nutzer unternehmen, um alle Seiten einer Geschichte zu erfahren?

„Fake News" versus „Alternative Fakten"

Die beiden Begriffe „Fake News" und „Alternative Fakten" haben es zu einer hohen Bekanntheit gebracht. Sie drücken aber in erster Linie aus, dass es heute scheinbar schwierig geworden ist, aus der Masse der verfügbaren Informationen Wichtiges, Notwendiges und Glaubwürdiges auszuwählen. Es ist uns allen klar, dass die Medien großen Einfluss auf die Meinung der Masse haben, was im Umkehrschluss aber auch bedeutet, dass die Verantwortlichen eine große Verantwortung tragen und sich dieser bewusst sein sollten.

2jq7js **A 29** Lesen Sie online einen Artikel zu „Fake News" und „Alternativen Fakten" unter dem Link http://www.tagesspiegel.de/themen/freie-universitaet-berlin/fake-news-entlarven-alternative-fakten-kann-jeder/19938682.html. Fassen Sie den Inhalt in 150 bis 200 Wörtern zusammen. Befüllen Sie anschließend die folgende Tabelle.

Begriffserklärung „Fake News"	
Begriffserklärung „Alternative Fakten"	
Probleme, die durch diese medialen Entwicklungen verursacht werden	• …
Im Text vorkommende Proteste/ Aktionen	
Appell des Textes an Sie als Nutzerin/Nutzer	

Um gegen diese Entwicklungen im Bereich der Berichterstattung und ihre Auswirkungen anzugehen, wird besonders von Universitäten und Wissenschaftlern immer wieder zu Protesten aufgerufen.

A 30 Lesen Sie den folgenden Artikel und formulieren Sie das Ziel dieser Proteste in wenigen Sätzen in eigenen Worten aus. Markieren Sie die Stellen im Text, die ansprechen, welche negativen Konsequenzen die Verwendung und Verbreitung alternativer Fakten haben können.

„March for Science“ in Hessen – Forscher demonstrieren gegen „Alternative Fakten“

Von dpa/lhe | 20.04.2017

Wissenschaftler aus ganz Hessen wollen am Samstag in Frankfurt und Kassel auf die Straße gehen. Für mehr Forschungsgelder? Nein, für mehr Wahrheitsliebe.

„There is no alternative to facts“ – es gibt keine Alternative zu Fakten: Das ist eine der Parolen, mit der am Samstag Wissenschaftler beim „March of Science“ in 514 Städten der Welt auf die Straße gehen wollen – auch in Kassel und Frankfurt. In einer Zeit, in der falsche Angaben als „alternative Fakten“ verteidigt werden, demonstrieren sie für den Wert einer Wissenschaft, die nach geprüfter und überprüfbarer Wahrheit sucht.

Damit kontern die Initiatoren die ihrer Meinung nach bedenkliche Entwicklung, dass Behauptungen aufgrund „diffuser Gefühle“ zunehmend die sachliche Diskussion verdrängten. Dieser Trend sei nicht nur in den USA durch die Wahl von Donald Trump zum Präsidenten offenkundig geworden. Er lasse sich auch in Deutschland und in vielen anderen Ländern beobachten.

3.000 Teilnehmer in Frankfurt angemeldet

Für Frankfurt haben die Organisatoren zum „March for Science“ 3.000 Teilnehmer angemeldet, wie die Polizei am Donnerstag sagte. Der Protestzug führt vom alten Uni-Campus an der Bockenheimer Warte zu einer Abschlusskundgebung auf dem Römerberg. Als Redner sind die Uni-Präsidenten von Frankfurt und Gießen, Birgitta Wolff und Joybrato Mukherjee, angekündigt.

Auch Frankfurts Oberbürgermeister Peter Feldmann (SPD) will sich an die Demonstranten richten. In Kassel wird die Kundgebung am Bebelsplatz stattfinden. Hier werden weniger als 100 Teilnehmer erwartet. In Deutschland finden insgesamt in 21 Städten Aktionen statt. Eingeladen sind auch Nicht-Wissenschaftler.

Bewegung aus den USA

„Forschen statt Faken“ heißt es auf der Homepage der deutschen „March for Science“-Aktion. Die Initiative geht auf US-Wissenschaftler zurück, die sich nach der Wahl Trumps zum Präsidenten zusammengeschlossen haben. Trump leugnet den Klimawandel und hat angekündigt, Forschungseinrichtungen und Universitäten Gelder zu entziehen.

Der Begriff „Alternative Fakten“ wurde weltweit bekannt, als seine Beraterin Kellyanne Conway ihn benutzte. Sie verteidigte mit dieser Wortwahl, dass ein Sprecher des Weißen Hauses nachweislich übertriebene Besucherzahlen für die Amtseinführung genannt hatte.

QUELLE: http://www.hessenschau.de/gesellschaft/wissenschaftler-demonstrieren-gegen-alternative-fakten,march-for-science-100.html; (abgerufen am 28.05.2017)

Zwischenstopp

Sie sollten jetzt folgende Teilkompetenzen erworben haben:

- den Umgang von Medien mit Informationen beschreiben und kommentieren können
- über „Fake News“ und „Alternative Fakten“ sprechen können
- über Ihre Verantwortung als Nutzerin/Nutzer sprechen können

Politisch korrekte Sprache

Andere mit der eigenen Wortwahl und verwendeten Sprache nicht beleidigen oder diskriminieren zu wollen, sollte für uns alle eigentlich selbstverständlich sein. Dennoch kann es – wie bei jeder Kommunikation – der Fall sein, dass Sie etwas sagen, das der oder die andere falsch auffasst oder durch das er oder sie sich beleidigt fühlt, ohne dass Sie das wollten. Umso wichtiger ist es in unserer Gesellschaft, die aus verschiedenen Kulturen und Meinungen besteht, sich der (negativen) Bedeutung bestimmter Begriffe bewusst zu sein und diese zu vermeiden. Der vorsichtige Umgang mit Sprache zugleich mit der Vermeidung von negativ besetzten Begriffen läuft auch oft unter dem Begriff „politisch korrekte Sprache".

A 31 Diskutieren Sie mit Ihrer Partnerin oder Ihrem Partner über folgende Fragen:
- Wie wichtig ist Ihnen persönlich die Verwendung politisch korrekter Sprache?
- Weshalb ist die Verwendung politisch korrekter Sprache in den Medien und durch öffentliche Personen wichtig?

A 32 Listen Sie mindestens acht Begriffe auf, die als politisch inkorrekt gelten, und nennen Sie auch jeweils die politisch korrekte Alternative.

Merkenswert: Politisch korrekte Sprache

Politisch korrekte Sprache bezeichnet eine Ausdrucksweise, die niemanden beleidigt und auf negativ besetzte Begriffe und Bezeichnungen für Personen oder Personengruppen verzichtet.

Politisch korrekte Sprache in Kinderbüchern

Gerade die jüngsten Mitglieder unserer Gesellschaft sollten schon für einen verantwortungsvollen Sprachgebrauch sensibilisiert werden. Das gilt besonders für politisch korrekte Sprache, denn durch die zunehmende kulturelle Vermischung der Gesellschaft kann es sonst schnell zu Konflikten kommen, wenn sich Gruppen oder Personen durch bestimmte Begriffe angegriffen fühlen.

Gerade in Hinsicht auf Kinderbücher stellt sich jedoch die Frage, wie sehr man Originaltexte verändern sollte, um der heutigen politisch korrekten Sprache gerecht zu werden.

6t9yn5

A 33 Sehen Sie sich dazu das Video zum Thema politisch korrekter Sprache in Kinderbüchern unter dem Link: https://www.youtube.com/watch?v=7s37NpxSpMc an. Formulieren Sie anschließend Ihren eigenen Standpunkt zu diesem Thema und einen Ihrer Meinung entsprechenden Appell an betroffene Kinderbuchverlage. Schreiben Sie zwischen 240 und 280 Wörter.

Auswirkungen und Probleme politisch korrekter Sprache

Politisch korrekte Sprache hat viel dazu beigetragen, ein Bewusstsein für Diskriminierung und Vorurteile zu schaffen. So positiv es ist, dass es heute für Sie vermutlich selbstverständlich ist, gewisse Begriffe nicht mehr in den Mund zu nehmen, so muss doch auch erwähnt werden, dass politisch korrekte Sprache teilweise anfällig für ein Übermaß an Vorsicht ist und manchmal abstruse Wortschöpfungen hervorbringt. Hier den goldenen Mittelweg zu finden ist sicherlich schwierig.

A 34 Lesen Sie dazu den folgenden Zeitungsartikel. Welche Intention verfolgt der Text? Machen Sie dazu Notizen.

Sprache im Migrationsdiskurs – Warum „Asylant" ein Killwort ist

Von Sebastian Gierke | 11.12.2014

Sprache wird als Mittel der Ausgrenzung missbraucht, beim Thema Migration zeigt sich ihre demagogische Macht. Asylant sagt zwar kaum noch einer, doch andere Unwörter haben Konjunktur.

Sehr viele Deutsche grenzen Migranten aus. Einfach, indem sie ihnen nicht zugestehen, auch Deutsche sein zu können. Das zeigt eine aktuelle Studie der Berliner Humboldt-Universität. 38 Prozent glauben demnach: Wer ein Kopftuch trägt, kann keine Deutsche sein.

Es ist ein erschreckender Befund, dem die Wissenschaftler der Universität über Begriffe beikommen wollen. „Menschen mit Migrationshintergrund", dieses sprachliche Konstrukt, das vor über 20 Jahren von der Pädagogikprofessorin Ursula Boos-Nünning geprägt wurde, soll aufgelöst werden, empfehlen sie. Es verschärfe die Unterschiede zwischen Deutschen mit und ohne Migrationshintergrund.

Die Studie belegt einmal mehr: Sprache spielt in der Diskussion um Einwanderung und Integration eine entscheidende Rolle. Oft wird sie als Mittel der Ausgrenzung missbraucht. Wer ist Deutscher? Und wer nicht? Wie weit ist es vom „Migranten" zum Deutschen? Wie weit vom „Gastarbeiter", vom „Flüchtling"? Und vom „Asylanten"? Jedes Wort hat unterschiedliche Bedeutungen und Konnotationen.

Sprache ist mächtig. Mit ihr versuchen wir unsere sozialen Beziehungen zu ordnen. Die Begriffe, die wir verwenden, in denen wir denken, prägen unsere politische Realität. Und beeinflussen dadurch unser Verhalten. Wir gieren nach Vertrautem, nach schnellem Erfassen, Bewerten und Bestätigung - und sind deshalb anfällig für Täuschungen und Irrtümer. Im Sprechen über Flüchtlinge lässt sich die demagogische Macht von Sprache immer wieder nachweisen. Gerade in diesem Themenfeld gibt es viele Wörter, die mehr über den aussagen, der sie verwendet, als über den Menschen, den sie bezeichnen. Neger ist so ein Wort. Und Zigeuner. Oder Asylant.

Asylant

Asylant war einst ein unschuldiges Wort. „Es wurde in den 60er Jahren auf völlig harmlose Art und Weise benutzt", erklärt der Linguist Martin Wengeler. Im Duden taucht es erst in der 18. Auflage auf, im Jahr 1980. Nicht ohne Grund. 1980, im Jahr des Militärputsches in der Türkei, kletterte die Zahl der asylsuchenden Menschen in Deutschland über die Grenze von 100 000. Zu diesem Zeitpunkt war eine emotional geführte Diskussion um diskriminierende Sprache entbrannt– und der Begriff verlor seine Unschuld. „Seit Beginn der 80er Jahren wird das Wort zumeist abwertend gebraucht, dazu, die Menschen zu benennen, die man nicht dahaben will. Anfang der 1990er erreichte das dann den Höhepunkt. Zum Beispiel in Medien wie *Bild* und *Spiegel*", sagt Wengeler, der Mitglied der Jury Unwort des Jahres ist. [...]

„Ansturm der Armen" – entmenschlichende Metaphern

Das zeigt, wie schwierig es ist, die polyphonen[1], dichten Zeichen der Sprache genau einem Sinn zuzuordnen. „Keiner denkt bei dem Wort gerade und genau das, was der andre denkt", schrieb bereits Wilhelm von Humboldt, „und die noch so kleine Verschiedenheit zittert, wie ein Kreis im Wasser, durch die ganze Sprache fort. Alles Verstehen ist daher immer zugleich ein Nicht-Verstehen."

Metaphern

Oftmals verwenden wir sprachliche Bilder, ohne uns deren metaphorischen Charakters bewusst zu sein. Das Wort Asylant wird während der Asyldebatte beispielsweise oft zusammen mit Sprachbildern verwendet, die mit Chaos und Bedrohung assoziiert werden. Oft sind es Metaphern, die mit Wasser zu tun haben: Flut, Strom, Welle. Die „Asylantenflut“ muss „eingedämmt“ werden. „Das Boot ist voll.“

Auch Militärmetaphorik wird immer wieder verwendet („Ansturm der Armen“, „Abwehr illegaler Einwanderer“, „Lage an den Ostgrenzen verschärft“, „Einfallsroute“) oder Warenmetaphorik („Import“ und „Export“ von Arbeitskräften).

Das hat eine schwerwiegende, enthumanisierende Wirkung: „Unser Denken ist vielfach metaphorisch geprägt. Sprache und Denken sind unauflösbar miteinander verbunden“, sagt Wissenschaftler Wengeler.

Diskussion um Sprachkritik

Die Debatte um Worte sei eine Scheindebatte, erklären Gegner der politischen Korrektheit. Unnötig verkompliziert würde die deutsche Sprache. An der gesellschaftlichen Realität der Betroffenen würden auch andere Begriffe nichts ändern. Ob es nun Asylbewerber hieße, Asylant oder Flüchtling: Sind das nicht Wortklaubereien?

„Wenn man sprachlich respektvoll und höflich sein will, muss man manchmal etwas mehr Aufwand betreiben“, glaubt Wengeler. Er plädiert dafür, auf die Gruppen, die von abwertendem Sprachgebrauch betroffen sind, Rücksicht zu nehmen. „Das ist nicht zu viel verlangt, darüber nachzudenken und sprachsensibel zu handeln.“ Und wenn man Menschengruppen sprachlich abwertet, erscheint es dann nicht auch legitimer und einfacher, gewalttätig gegen diese vorzugehen? In der Asyldebatte wurde immer wieder darüber diskutiert, inwieweit Sprache auch die rassistischen Übergriffe der damaligen Zeit befeuert *hat*, zum Beispiel 1992 in Rostock-Lichtenhagen. […]

[1] mehrstimmigen

QUELLE: http://www.sueddeutsche.de/politik/sprache-im-migrationsdiskurs-warum-asylant-ein-killwort-ist-1.2262201-2; (abgerufen am 17.04.2107)

A 35 Erstellen Sie eine Liste mit acht bis zehn Tipps für einen verantwortungsvollen Sprachgebrauch.

Zwischenstopp

Sie sollten jetzt folgende Teilkompetenzen erworben haben:

- politisch korrekte Sprache erkennen und verwenden können
- die Schwierigkeiten von Sprachveränderungen beschreiben können
- Ihr eigenes Verständnis von politisch korrekter Sprache darlegen und argumentieren können

Das Sprechen in der mündlichen Prüfungssituation kann in **monologisches** und **dialogisches Sprechen** unterteilt werden. Dabei sollten Sie beachten, dass je nach Art und Verlauf des Prüfungsgespräches bestimmte Strategien und ein geschicktes Kommunikationsverhalten zur Bewältigung eventueller Schwierigkeiten beitragen können.

Mit der **Intention nichtliterarischer Texte** wird ihre Funktion bezeichnet bzw. die **Absicht**, mit der sie geschrieben wurden. Texte wollen üblicherweise etwas erreichen, also beispielsweise die Meinung der Leserschaft ändern oder an sie **appellieren**. In manchen Fällen besteht die Absicht darin, das Publikum zu manipulieren.

Eine Sonderform der Manipulation in Hinsicht auf nichtliterarische Medien ist das gezielte Vorstellen und Bewerben von Produkten durch **Product Placement** in Film und Fernsehen. Inzwischen haben Product Placement und Schleichwerbung auch die sozialen Netzwerke erreicht.

Die Maturatextsorten **Leserbrief** und **Meinungsrede** haben gemeinsam, dass der **eigene Standpunkt** deutlich geäußert werden und **schlüssig begründet** werden muss.

Exilliteratur bezeichnet die Werke von Schriftstellerinnen und Schriftstellern, die nach ihrer Flucht aus dem nationalsozialistischen Deutschland im Ausland schreiben. Einer der bekanntesten unter ihnen ist Bertolt Brecht, der unter anderem das epische Theater entwickelt hat.

Zu den wichtigsten Vertreterinnen und Vertretern der **österreichischen Literatur nach 1945** gehören z. B. Ingeborg Bachmann, Peter Handke und Elfriede Jelinek.

Der Umgang mit **Informationen in Medien** hat sich heute dahingehend verändert, dass mehr und umfangreichere Informationen zur Verfügung stehen und die Unterscheidung zwischen objektiver und subjektiv gefärbter Berichterstattung wesentlich schwerer fällt. **Stereotype Weltanschauungen** beeinflussen ebenso unsere Sicht der Welt wie „**Fake News**" und „**Alternative Fakten**", die Informationen entweder verzerrt oder bewusst unrichtig wiedergeben.

Politisch korrekte Sprache ist von großer Bedeutung, da sie sicherstellt, dass weder Einzelpersonen noch Personengruppen durch bestimmte Begriffe beleidigt oder diskriminiert werden. Insbesondere die **Medien und öffentliche Personen** sollen auf die Verwendung korrekter Sprache achten. Auch in Hinsicht auf Kinderbücher wird das Ersetzen veralteter oder negativ besetzter Begriffe diskutiert. Allerdings sollte bei der Verwendung politisch korrekter Sprache beachtet werden, dass übermäßiger Einsatz übertrieben wirken kann.

Mündliche Maturafrage: Politik und Medien (Themenpool)

1 Beantworten Sie die mündliche Maturafrage. Sie haben 15 Minuten Vorbereitungszeit.

Thema: Politisch korrekte Sprache und ihre Auswirkungen

Sprechen Sie über folgende Aufgabenstellung:

- **Geben Sie** die Kernaussagen des Artikels und des Videos in eigenen Worten **wieder**.
- **Zeigen Sie** die Bedeutung von politisch korrekter Sprache anhand von konkreten Beispielen **auf**.
- **Erläutern** und **beurteilen Sie** Auswirkungen von politisch korrekter Sprache auf die Gesellschaft und die Sprache.

vb4ws7

Lesen Sie erneut den Text „Sprache im Migrationsdiskurs – Warum „Asylant“ ein Killwort ist“ von Seite 50 und sehen Sie sich das Video unter folgendem Link an https://www.youtube.com/watch?v=7s37NpxSpMc.

Befüllen Sie in der Vorbereitungszeit die folgende Box mit Notizen, die Ihnen im Anschluss eine Hilfestellung bieten sollen.

Text	Video
Wichtige Kernaussagen des Textes:	Thema des Videos/ Kernaussagen:
Genannte Beispiele:	Argumente für und gegen Veränderungen und Anpassungen in Kinderbüchern:
Kritikpunkte/ problematische Aspekte von politisch korrekter Sprache:	Resümee des Videos:

Milena Michiko Flašar: *Ich nannte ihn Krawatte*

A1 Informieren Sie sich auf http://www.milenaflasar.com über die Autorin. Bewerten Sie den Webauftritt von Milena M. Flašar, indem Sie auf die Gestaltung der Website und deren Inhalt eingehen. Machen Sie Vorschläge, für welche Zielgruppe diese Seite interessant sein könnte.

A2 Recherchieren Sie zwei unterschiedliche Formen der Buchkritik zu *Ich nannte ihn Krawatte*: eine professionelle unter www.faz.net und eine in einem sozialen Netzwerk für Literaturinteressierte unter www.lovelybooks.de . Ergänzen Sie die Tabelle.

Seite	Frankfurter Allgemeine	Lovely Books
Ausführlichkeit		
Bewertungskriterien		
Zielgruppe		
Stil		
Was wird beurteilt?		
Wie wird beurteilt?		
Handelt es sich um eine konkrete Empfehlung? • Information • Analyse • Erklärung • Argumentation • Stellungnahme • Nachvollziehbarkeit • Sinnhaftigkeit einer Empfehlung im Kontext		

Schauplatz Japan: Die Unfähigkeit, allein zu bestehen

Von Sven Titz | 05.07.2007

In Japan ziehen sich immer mehr junge Menschen aus der Welt der Erwachsenen vollständig in ihre eigenen vier Wände, ihr Zimmer, zurück. „Hikikomori" heisst das Phänomen, in dem sich das Leiden der Gesellschaft an ihrer eigenen Metamorphose Ausdruck verleiht.

Hikikomori ist ein Begriff, den vor einigen Jahren der Psychologe Tamaki Saito geprägt hat. Er bedeutet „akuter Rückzug aus der Gesellschaft" und bezeichnet sowohl das Syndrom als auch die davon Befallenen.

Die Zahl der Betroffenen wird auf über eine Million geschätzt. Die Dunkelziffer ist gross, da seelische Krankheiten oft als Makel betrachtet werden. Hinzu kommt, dass das Krankheitsbild neu und bis jetzt recht diffus ist. Es reicht von leicht unangepasstem Verhalten bis zu schweren Psychosen. Gemeinsam ist den Betroffenen die mangelnde Fähigkeit, mit anderen Menschen normal zu interagieren.

Achtzig Prozent der Hikikomori sind junge Männer über achtzehn [...] und weisen ähnliche Verhaltensmerkmale auf: Apathie, Misstrauen, Angst, Kontaktschwierigkeiten. Wo kommen sie her? Und wieso treten sie gerade jetzt in Erscheinung? Schulverweigerer und Unangepasste gibt es auch in anderen modernen Gesellschaften, aber der massenhafte Rückzug in die vertrauten vier Wände des elterlichen Hauses scheint ein spezifisch japanisches Phänomen zu sein. Die seit Mitte des 19. Jahrhunderts mit Verve betriebene Modernisierung des Landes und die darauffolgende Aufholjagd mit dem Westen war eine kollektive Anstrengung, die das Selbstverständnis der japanischen Gesellschaft nachhaltig prägte. Der Wiederaufbau nach dem Zweiten Weltkrieg geschah im gleichen Geist. Kollektivismus war die herrschende Ideologie, die von dem Einzelnen verlangte, sich im Interesse des Gemeinwohls unterzuordnen, es ihm aber auch erlaubte, sich einzuordnen, mit dem Strom zu schwimmen in der Gewissheit, voranzukommen und nichts falsch zu machen.

Inzwischen sind die Grundlagen des steten gleichförmigen Aufstiegs zerbrochen. Die Deregulierung des Arbeitsmarkts im Zuge der Globalisierung und der lang anhaltenden Wirtschaftsflaute seit Beginn der neunziger Jahre hat zu einem drastischen Rückgang dauerhafter Beschäftigungsverhältnisse geführt. Statt durch Wachstum und Konformitätsdruck ist das Leben durch Risiko und Konkurrenzdruck gekennzeichnet, eine Entwicklung, die an der ideologischen Front durch die Propagierung des Individualismus als wertvoller Lebenshaltung noch verstärkt wird.

Begleitet wurde diese Entwicklung von tiefgreifendem demografischem Wandel mit vielen Folgen für die Gesellschaft. Seit Mitte des 20. Jahrhunderts ist die Lebenserwartung der Japaner um rund dreissig Jahre gestiegen. Gleichzeitig ist die Geburtenrate drastisch gefallen. Die meisten Kinder heute haben daher sowohl ältere Eltern als auch weniger Geschwister als ihre Eltern in ihrer Kindheit. Der soziale Mikrokosmos Familie hat eine andere Form angenommen. Um die Aufmerksamkeit der Eltern braucht kein Kind mehr zu wetteifern. Es braucht sich auch nicht unterzuordnen, hat es doch in der Regel höchstens ein Geschwister. Alle Energie, alle Hoffnungen und Erwartungen der Eltern konzentrieren sich auf die wenigen Kinder, deren Wünsche erfüllt werden und die nicht lernen, einem Druck standzuhalten und sich durchzusetzen.

Die Einzelkind-Familie ist auf dem Vormarsch. Das Einzelkind im Mittelpunkt der Familie bedeutet vor allem eins: Ungleichheit und asymmetrische Kommunikation. Innerhalb der Familie interagieren diese Kinder mangels Geschwistern ausschliesslich mit Erwachsenen. Von Angesicht zu Angesicht zu kommunizieren, fällt diesen Kindern oft schwer. Viele ziehen es vor, elektronisch vermittelt mit der Umwelt in Kontakt zu treten.

Die mit der schrumpfenden Haushaltsgrösse einhergehende ideologische Neuorientierung Japans vom Kollektivismus zum Individualismus hat unerwartete und zum Teil unwillkommene Folgen. Der Erwartung, als Einzelner bestehen zu müssen, fühlen sich manche nicht gewachsen und ziehen sich aus der Gesellschaft zurück. Andere begegnen dieser Erwartung mit extremen Formen des Auslebens individueller Vorlieben. Ob sie Sendboten einer „Gesellschaft der Ungebundenen“ sind, muss sich noch zeigen, aber dass die Hikikomori Produkt einer einschneidenden sozialen Umwälzung sind, ist unübersehbar.

QUELLE: https://www.nzz.ch/die_unfaehigkeit_allein_zu_bestehen-1.520360; (gekürzt; abgerufen am 12.06.2017; der Text folgt der Schweizer Rechtschreibung)

A3 Lesen Sie den Roman *Ich nannte ihn Krawatte* von Milena Michiko Flašar.

A4 Lesen Sie die Reportage *Die Unfähigkeit, allein zu bestehen*. Erschließen Sie Ursachen für das Phänomen des „Hikikomori“. Vergleichen Sie die Analyse in der Reportage mit der Figur des Taguchi Hiro, indem Sie einerseits auf die Tatsachen eingehen, die Sie dem Roman entnehmen können, und indem Sie andererseits eigene, begründete Vermutungen über Taguchi Hiro anstellen. Schreiben Sie 405 bis 495 Wörter.

A5 Gestalten Sie ein Hörspiel, indem Sie einen inneren Monolog des Taguchi Hiro zu einem Zeitpunkt, der vor Beginn des Romans liegt, verfassen. Achten Sie bei der Aufnahme darauf, wie Sie Ihre Stimme modulieren und einzelne Passagen betonen, um eine besondere Wirkung zu erzielen.

A6 Hören Sie ein Hörspiel einer anderen Gruppe und geben Sie Feedback.

A7 Lesen Sie den Auszug aus der Reportage *Wenn Jugendliche sich vor der Welt verstecken*[1]. Vergleichen Sie Takeshi Shimada mit Taguchi Hiro.

A8 Verfassen Sie eine Reportage über Taguchi Hiro. Schreiben Sie 540–660 Wörter. Die Reportage soll Teil der erzählerischen Wirklichkeit des Romans *Ich nannte ihn Krawatte* sein.

[…] Vor eineinhalb Jahren kam der Tag, an dem es Takeshi Shimadas Mutter einfach nicht mehr ertrug. „Zwei Männer rissen meine Zimmertür auf, griffen mich unter den Armen und trugen mich nach draußen“, erzählt der heute 32-Jährige. Am Fuß der Treppe sah seine Mutter zu, wie der älteste Sohn an ihr vorbei aus dem Zimmer gezerrt wurde, das er zuvor kaum noch verlassen hatte. Seitdem wohnt er in diesem kleinen, kahlen Raum am Rande Tokios.

Seine Krise begann, ohne dass er es merkte. Tage verstrichen und schließlich Monate, bis es Takeshi Shimada langsam dämmerte, das er ein Problem hatte. Seit ungefähr neun Jahren trifft Shimada ungern auf Menschen, meidet Unterhaltungen, scheut Körperkontakt. In Japan gibt es ein eigenes Wort für dieses Phänomen: „Ich war ein Hikikomori geworden“, sagt er. […]

Takeshi Shimada ist ein intelligenter junger Mann mit Auslandserfahrung und einer Ausbildung, die Arbeitgeber begeistern müsste. Sein Allgemeinwissen ist beeindruckend. Shimada weiß die Namen der letzten Zentralbanker Japans auswendig, kennt die Programme der politischen Parteien genau, ebenso wie etliche wichtige Daten der Geschichte.

Optisch entspricht er auch nicht dem Klischee des weltfremden Bücherwurms: Er hat eine athletische Figur, trägt seine Baseballkappe tief im Gesicht, Pulli und Hose sind im lässigen Schlabberlook. Doch dieser Raum, den er heute sein Zuhause nennt, in dem er zusammengekauert dasitzt und unablässig Rauchringe in die Luft bläst, verrät, dass etwas schiefgelaufen ist. Bis auf eine Matratze und ein kniehohes weißes Regal, in dem Manga, Zeitungen und Bücher stehen, ist sein Zimmer leer. Hinter einer Schiebetür bewahrt er seine Kleider auf und bunkert er seine Zigaretten. „In Japan bin ich ein Versager“, sagt Takeshi Shimada.

QUELLE: https://www.tagesspiegel.de/themen/reportage/hikikomori-in-japan-wenn-jugendliche-sich-vor-der-welt-verstecken/11181534.html; (abgerufen am 13.05.2018)

[1] Felix Lill: Wenn Jugendliche sich vor der Welt verstecken. Der Tagesspiegel Online. 04.01.2015.

3

ug53rn

Mündliche Kompetenz

(Un)lesbare Literatur

In diesem Kapitel lernen Sie:

- sich mit dem Wert und der Funktion von Literatur auseinanderzusetzen
- Beobachtungsaufgaben während eines Streitgesprächs wahrzunehmen
- politisches Engagement von Schriftstellerinnen und Schriftstellern beurteilen zu können
- eine Zusammenfassung, eine Textanalyse und eine Textinterpretation zu verfassen
- über ein Werk der österreichischen Gegenwartsliteratur sprechen zu können
- filmsprachliche Mittel erkennen zu können

Der Stellenwert von Literatur

Von dem, was sie einst gewesen ist oder sein sollte, ist nur mehr der Unterhaltungswert geblieben. […] Es kann kaum noch gesagt werden, welche Funktion und welchen Wert Literatur außerhalb des Unterhaltungspostulats[1] noch beanspruchen kann.

QUELLE: Schärf, Christian: Literatur in der Wissensgesellschaft. Göttingen: 2001. S. 12-16.

Man verwendet sie [literarische Texte, Anm.] also nicht in erster Linie zur Vermittlung von Informationen […], man nimmt bei diesen Texten stärker die verwendeten Ausdrucksmittel wahr, man liest sie zum Vergnügen und nicht zum Wissenserwerb, man macht es einem literarischen Text nicht zum Vorwurf, wenn er […] schwer verständlich ist […].

QUELLE: Sexl, Martin: Einführung in die Literaturtheorie. Wien: WUV utb 2004. S. 16.

A1 Überlegen Sie auf Basis Ihrer bisherigen Erfahrungen aus dem Literaturunterricht, was Literatur „einst gewesen ist oder sein sollte". Können Sie zustimmen, dass man es einem literarischen Text nicht zum Vorwurf macht, wenn er schwer verständlich ist? Was ist damit gemeint?

A2 Welche literarischen Werke haben Sie in letzter Zeit im Unterricht gelesen, welche „privat"? Notieren Sie Unterschiede bzw. Gemeinsamkeiten hinsichtlich Gattung, Genre, Epoche, …

A3 Erörtern Sie die Frage mündlich, inwiefern Christian Schärfs Kritik am Unterhaltungspostulat gerechtfertigt ist.
- Was könnte mit „Unterhaltungsliteratur" gemeint sein?
- Weshalb wird diese kritisiert?
- Ist Literatur, die mir gefällt, automatisch „Unterhaltungsliteratur"?

[1] Postulat, das: Forderung

- Welche gesellschaftlichen Funktionen soll Literatur erfüllen?
- Welchen Stellenwert hat Literatur im Allgemeinen in meinem Umfeld?
- Welchen Stellenwert soll sie haben?
- Was passiert, wenn von Literatur ausschließlich Unterhaltung erwartet wird?

Beobachtungsaufgaben wahrnehmen können

Im Rahmen einer Debatte, Diskussion, … sind die Teilnehmerinnen und Teilnehmer gefordert, unterschiedliche Fähigkeiten unter Beweis zu stellen. Im Unterricht können Sie diese Fähigkeiten erlernen, üben und ausbauen. Dazu ist es hilfreich, mithilfe von **Beobachtungsaufgaben**, die sich auf einen bestimmten Aspekt der Diskussionsteilnehmerin bzw. des Diskussionsteilnehmers beziehen, Rückmeldung zu geben. Bedenken Sie: Rückmeldungen dieser Art sind **subjektiv** und stellen die Beobachtung einer Person dar. **Sie sind nicht zwingend allgemein gültig.** Die folgende Übersicht kann Ihnen helfen, sich auf bestimmte Beobachtungsaspekte zu konzentrieren.

Aspekt	**Gesprächsfähigkeit**	**Überzeugungskraft**
Leitfrage	Kann die Teilnehmerin/der Teilnehmer auf Aussagen Bezug nehmen? Kann die Teilnehmerin/der Teilnehmer aktiv zuhören? Kann die Teilnehmerin/der Teilnehmer relevante Aspekte in die Diskussion einbringen? Weiß die Teilnehmerin/der Teilnehmer, wann sie/er sprechen darf oder soll?	Kann die Teilnehmerin/der Teilnehmer überzeugend und begründet argumentieren? Kann die Teilnehmerin/der Teilnehmer ihre/seine Argumente zum passenden Zeitpunkt einsetzen? Kann die Teilnehmerin/der Teilnehmer ihre/seine Glaubwürdigkeit unter Beweis stellen?

Aspekt	**Sachkenntnis**	**Ausdrucksvermögen**
Leitfrage	Ist die Teilnehmerin/der Teilnehmer ausreichend vorbereitet? Kennt sich die Teilnehmerin/der Teilnehmer in der Materie aus? Sind die Ausführungen der Teilnehmerin/des Teilnehmers sachlich richtig? Stellt die Teilnehmerin/der Teilnehmer relevantes Detailwissen unter Beweis?	Kann die Teilnehmerin/der Teilnehmer einprägsam und klar formulieren? Wissen die anderen Teilnehmerinnen und Teilnehmer, was gemeint ist? Weiß das Publikum, was gemeint ist? Kann die Teilnehmerin/der Teilnehmer der Situation angemessen formulieren und/oder reagieren?

A4 Organisieren Sie eine Podiumsdiskussion mit mindestens vier Teilnehmerinnen bzw. Teilnehmern und einer Moderatorin/einem Moderator zum Thema *Literatur – nur noch Teil der Unterhaltungsindustrie?* Teilen Sie das Publikum in Gruppen ein, die die unterschiedlichen Beobachtungsaufgaben wahrnehmen.

Tipp

Wenn es Ihnen hilft, können Sie vorab Rollen verteilen:
- eine Person, die Literatur hauptsächlich als Instrument zur Unterhaltung und Zerstreuung sieht (z. B. Schülerin, Schüler)

- eine Person, die den Wert von Literatur in hohem Maße an Bildung und Erziehung misst (z. B. Lehrerin, Lehrer)
- eine Person, die dem Lesen an sich nichts abgewinnen kann
- eine Person, die der Vermarktung von Literatur grundsätzlich kritisch gegenübersteht

Merkenswert: Aufgaben einer Moderatorin/eines Moderators

- mit Eingangsstatement die Diskussion eröffnen
- Teilnehmerinnen und Teilnehmer vorstellen
- fairen und neutralen Standpunkt einnehmen
- alle Teilnehmerinnen und Teilnehmer gleichberechtigt zu Wort kommen lassen
- auf die Einhaltung der Diskussionsregeln achten
- nachfragen
- auf die Zeit achten
- die Diskussion beenden
- Abschlussstatements ermöglichen

Zwischenstopp

Sie sollten jetzt folgende Teilkompetenzen erworben haben:

- Ihre eigene Meinung über Funktion und Wert von Literatur fundiert erläutern können
- Beobachtungsaufgaben während eines Streitgesprächs wahrnehmen können
- Aufgaben einer Moderatorin/eines Moderators während einer Diskussion wahrnehmen können

Über engagierte Literatur nachdenken

A 5 Lesen Sie die Kolumne *Über engagierte Literatur* von Harald Martenstein. Formulieren Sie in zwei bis drei Sätzen, welche Aussage der Journalist treffen möchte.

Über engagierte Literatur

Von Harald Martenstein | 03.11.2015

Sie fragen nach der engagierten Literatur? Ob es die wieder in stärkerem Maße geben sollte? Da frage ich zurück: Wozu soll das gut sein? Was soll das bewirken? Vorbilder, nach denen andere Menschen sich in größerer Zahl eventuell richten, arbeiten heutzutage fürs Fernsehen, fürs Kino oder im Musikbusiness. Wer engagierte Literatur schreibt, ist ein eitler Fratz, der sich überschätzt. Der will sich vor den Spiegel stellen, sich selbstverliebt übers Haar streichen und sagen: „Schaut her, ein engagierter Autor. Je suis Sartre.“

Engagierte Literatur kämpft fürs Gute, für eine bessere Welt, oder? Sie denken an *J'accuse* von Zola oder an *Onkel Toms Hütte*. Klar, man kann sich auch für den Bau von Konzentrationslagern oder die Ausrottung des Breitmaulnashorns engagieren, das wäre ebenfalls Engagement, aber so verstehen Sie den Begriff sicher nicht. Wissen Sie, für das Gute kämpft heutzutage jeder, dafür braucht man die Literatur nicht mehr. Neben der Bild-Zeitung mit ihrer herzzerreißenden Titelseite, auf der Prominente sich für Flüchtlinge engagieren, neben den engagierten Fernsehmoderatoren, die vor Rührung über ihre eigenen Kommentare mit den Tränen kämpfen, neben all den engagierten Bloggern und den NGOs und den besorgten Leitartiklern und, nicht zu vergessen, den sexy Liedermacherinnen mit dem engagierten

Augenaufschlag soll ich mich auch noch engagieren? Sind Sie irre? Ich soll dem Armageddon[1] an Moralismus, in dessen Mitte wir uns befinden, diesem sauren Regen aus säuselndem Philistertum[2], auch noch was hinzufügen? Wenn's hilft, gerne. Aber wenn nicht mal Claus Kleber[3] die Welt retten kann, dann bleibt sie eh ungerettet.

Eine bessere Welt, was ist das überhaupt? Kein Hass, keine Kriege, so was in der John-Lennon-Richtung? Es gibt Kriege, die ich richtig finde, und es gibt vielleicht sogar Hass, den ich richtig finde, also zurzeit. Alle 20 Jahre ändere ich sowieso meine Meinung und Sie auch. Aber Literatur sollte länger halten. Um mich engagieren zu können, müsste ich mir meiner eigenen Meinung sicher sein und Antworten besitzen, kurz, ich müsste das Gegenteil eines interessanten Autors sein. Ich schreibe einen Roman, wenn ich eine Frage habe, auf die ich keine Antwort weiß. Deshalb erzähle ich eine Geschichte, um dabei selbst klüger zu werden, um zu suchen und nicht, um anderen etwas beizubringen. Ich bin nicht Jesus, I am only the piano player. Wenn ein Buch uneindeutig ist, wenn es mehrere Sichtweisen zulässt, wenn es mich an meinen wackligen Ansichten zweifeln lässt, wenn ich über die Guten wütend werde und um die Bösen weine, wenn ich mich im Kopf eines Menschen befinde, der ein bisschen anders tickt als ich, dann ist es für mich ein gutes Buch. Das hat nichts mit Meinungen zu tun. Für Literaturkritiker, welche die Qualität eines Buches vor allem daran messen, ob es mit ihrer Meinung übereinstimmt, habe ich nur Verachtung übrig.

Ich könnte eine engagierte Geschichte über ein Flüchtlingsmädchen schreiben, das gibt es ja tausendfach und ist manchmal auch gut geschrieben. Nicht dass ich so was nie gelesen hätte. Das lesen die ohnehin Überzeugten, das ist wie politisches Kabarett anno 1970, nur in rührend. Die NPD[4]-Ortsgruppe wird, wie so oft, auch dieser Lesung fernbleiben. Was Literatur im besten Fall erreichen kann, wenn sie denn unbedingt etwas erreichen soll: Sie kann das Denkvermögen stärken. Und je länger du nachdenkst, desto weniger Gewissheiten hast du, desto misstrauischer wirst du in Bezug auf dich selbst. Und eine Welt, in der alle an ihren Gewissheiten zweifeln, wäre tatsächlich eine bessere Welt.

QUELLE: ZeitMagazin 42/2015 (03. November 2015).

[1] Armageddon: Nach der Offenbarung des Johannes (Apokalypse) jener Ort, an dem die Schlacht der Endzeit stattfinden wird; steht metaphorisch für eine große Katastrophe
[2] Philister: eigentlich historisches Volk im Nahen Osten; hier: Spießbürger
[3] Deutscher TV-Journalist
[4] Nationaldemokratische Partei Deutschlands, eine rechtsextreme Partei

A 6 Gestalten Sie eine Übersicht über die Stilmittel, die Sie in Harald Martensteins Kolumne *Über engagierte Literatur* auffinden. Interpretieren Sie Ihre Ergebnisse in Hinblick auf die Absicht, mit der die Kolumne vermutlich verfasst wurde.

Cinq Centimes

ERNEST VAUGHAN

L'AURORE

Littéraire, Artistique, Sociale

J'Accuse...!

LETTRE AU PRÉSIDENT DE LA RÉPUBLIQUE

Par ÉMILE ZOLA

LETTRE

A M. FÉLIX FAURE

Président de la République

Emile Zola: J'accuse. Der veröffentlichte Text in der Tageszeitung L'Aurore.

Merkenswert: Politisches Engagement von Schriftstellern

In der Literaturgeschichte gibt es zahlreiche Beispiele für Schriftstellerinnen und Schriftsteller, die sich politisch enagier(t)en und Texte verfassten, die eine bestimmte politische, soziale, … Sichtweise transportier(t)en:

- **J'accuse:** Im Jahr 1898 verfasste der französische Schriftsteller Émile Zola einen offenen Brief an den damaligen französischen Präsidenten (Félix Faure), um Partei für einen zu Unrecht wegen Landesverrats verurteilten Offizier der französischen Armee, Alfred Dreyfus, zu ergreifen. Es handelte sich um einen der größten politischen, militärischen, juristischen und letztendlich auch gesellschaftlichen Skandale in der Geschichte Frankreichs. (J'accuse: Ich klage an). Der Text erlangte so große Bekanntheit bzw. Bedeutung, dass sein Titel *J'accuse* auch in anderen Sprachen als Bezeichnung für eine öffentliche Stellungnahme gegen politische Willkürakte gilt.
- **Onkel Toms Hütte:** Die US-amerikanische Schriftstellerin Harriet Beecher-Stowe veröffentlichte 1852 ihren Roman *Uncle Tom's Hut*. Die Autorin war eine Abolitionistin, d. h. eine Gegnerin der Sklaverei. Ihr Roman wird heute kritisch gelesen, besonders, weil einige Stereotypen über Afro-Amerikanerinnen und -Amerikaner durch ihn transportiert wurden. Dennoch war *Onkel Toms Hütte* ein wichtiger Beitrag zur Diskussion über die Abschaffung der Sklaverei, weil das Leben bzw. Schicksal der Sklaven durchaus realistisch dargestellt wurde.

A7 Recherchieren Sie online, welche Positionen die Schriftsteller Jean-Paul Sartre und Josef Haslinger zu engagierter Literatur vertreten.

Die Frage, ob sich Personen des öffentlichen Lebens politisch engagieren sollen, beschränkt sich nicht auf Schriftstellerinnen und Schriftsteller. Auch Sportlerinnen und Sportler, Schauspielerinnen und Schauspieler sowie Musikerinnen und Musiker äußern sich zu aktuellen gesellschaftlichen und/oder politischen Themen. **Dies wird in der Öffentlichkeit nicht immer positiv wahrgenommen.** Genauso sehen sich allerdings bekannte Personen Kritik ausgesetzt, wenn sie sich eben nicht äußern.
Aus dem Jahr 2017 stammt folgendes Lied der deutschen Punkband *Die Toten Hosen*.

Die Toten Hosen: **Pop und Politik**

Glaubt Ihr wirklich, dass das gut ist, wenn Ihr das so vermischt?
Eure naiven Gedanken zu Pop und Politik
Ihr solltet Eure Fresse halten, wenn Ihr nichts davon versteht
Was auf der Welt grad los ist, wie's wirklich hier aussieht
Wie's aussieht

Wer will schon Eure Lieder?
Geht endlich aus dem Weg!
Spart Euch die Kommentare
Zu Pop & Politik
Die keiner hören will

Wollt Ihr die Welt verändern mit Eurer peinlichen Musik?
Ihr seid nur Zeitverschwender, niemand will Euch mehr sehen
Nie mehr sehen

Wer will schon Eure Lieder …

Wir sagen's Euch im Guten, haltet Euch lieber raus
An Tagen wie diesen bleibt Ihr besser mal zuhaus'
Bleibt im Haus

Wir spielen unsere Lieder
Wir gehen nicht aus dem Weg
Mit unseren Kommentaren
Zu Pop & Politik
Die keiner hören will

QUELLE: https://www.dietotenhosen.de/diskographie/songs/pop-politik; (abgerufen am 01.06.2017)

Tipp

Videointerviews

Kurzvideos in Interviewform helfen Ihnen, sich im Gespräch mit vorher festgelegten Themen kritisch auseinanderzusetzen. Einerseits schafft man im Gespräch mit Klassenkollegen eine Atmosphäre, in der **unterschiedliche Sichtweisen zur Sprache** kommen können, andererseits ist es hilfreich, wenn **wichtige Gedanken in Echtzeit dokumentiert** werden können. Zu guter Letzt kann man sein eigenes Verhalten in solchen Gesprächen gut nachvollziehen und sich selbst Feedback geben.
Nehmen Sie Ihr Video in einer **Zweier- oder Dreiergruppe** auf. In größeren Gruppen riskiert man schlechte Tonqualität, wenn das Video mit einer Handykamera gemacht wird. Außerdem führen zu viele Wortmeldungen zu langen Videos, die dann nicht mehr angesehen werden. Streben Sie daher eine maximale Gesprächszeit von drei Minuten pro Teilnehmerin bzw. Teilnehmer an.

A 8 Gestalten Sie ein Videointerview zum Song der *Toten Hosen*. Welchen Anspruch haben *Die Toten Hosen*? Welche Haltung kritisiert der Text?
Handelt es sich Ihrer Meinung nach um engagierte Literatur oder um Kritik an engagierter Literatur? Begründen Sie und kommentieren Sie den Songtext.

A 9 Überlegen Sie, welche Gründe „Stars" haben könnten, sich politisch nicht zu äußern. Formulieren Sie dazu auch eine Begründung, weshalb eine neutrale Position Kritik hervorrufen kann.

Merkenswert: Autoritätsargument

Ein Autoritätsargument ist ein (Schein-)Argument, das als (scheinbaren) Beweis seiner Richtigkeit auf eine Person des öffentlichen Lebens bzw. eine Expertin/einen Experten auf einem bestimmten Gebiet verweist. Ein Scheinargument wird es dann, wenn im Laufe der Erörterung einer strittigen Frage die Aussage nicht in Frage gestellt wird.

Wer sich den Gesetzen nicht fügen lernt,
muss die Gegend verlassen,
wo sie gelten.

QUELLE: Goethe, Johann Wolfgang: Wilhelm Meisters Wanderjahre.
-In: Ders.: Gesammelte Werke. S. 68.

Johann Wolfgang Goethe (1749–1832): deutscher Dichter

Kaum ein anderer Autor, der sich auf die Produktion seriöser Literatur einließ, wurde über das Ghetto hinaus, innerhalb dessen Literatur nun einmal wahrgenommen wird, so intensiv wie Thomas Bernhard registriert.

QUELLE: Schmidt-Dengler, Wendelin: Österreichische Gegenwartsliteratur ab 1990. Notizen zur Lehrveranstaltung. http://elib.at/index.php?title=Oesterreich_-_Gegenwartsliteratur_ab_1990_-_Wendelin_Schmidt-Dengler; (abgerufen am 18.09.2017)

Wendelin Schmidt-Dengler (1942–2008): österreichischer Universitätsprofessor für neuere deutsche Literatur

h9ki47

A 10 Erklären Sie den Unterschied zwischen dem logischen Fehlschluss A (Sie können das Zitat hier http://gutenberg.spiegel.de/buch/wilhelm-meisters-wanderjahre-3679/23 im Kontext lesen.) und dem Scheinargument B.

A: „Schon Goethe sagte, dass man sich anpassen muss, wenn man fremd ist."
B: „Thomas Bernhard ist sehr berühmt. Diese Tatsache kann man bei Schmidt-Dengler nachlesen."

A 11 Verfassen Sie eine Antwort auf Harald Martenstein, in der Sie seiner Position entweder zustimmen oder widersprechen, indem Sie auch auf den Songtext der Toten Hosen eingehen. Sehen Sie sich dazu nochmals Ihr Video (A8) an. Schreiben Sie 450 bis 550 Wörter.

Zwischenstopp

Sie sollten jetzt folgende Teilkompetenzen erworben haben:

- über engagierte Literatur differenziert sprechen können
- Autoritätsargumente einschätzen können
- unterschiedliche Standpunkte zu engagierter Literatur erfassen können

Eine Zusammenfassung schreiben

Merkenswert: Die wichtigsten Merkmale der Zusammenfassung

- **Einleitung mit Textbezug (Basissatz):** Textsorte, Namen des Autors/der Autorin, Thema, Erscheinungsdatum und -ort sowie Kurzinformation über Inhalt nennen
- **Hauptteil:** Informationen chronologisch gliedern, indirekte Rede verwenden, in eigenen Worten formulieren, wesentliche von unwesentlichen Informationen trennen
- **keine** eigene Meinung bzw. Schlussfolgerungen

Auf dem Weg zur Matura

Thema: Natur und Gesellschaft

A 12 Schreiben Sie eine **Zusammenfassung**.

Situation: Als Vorbereitung für eine Podiumsdiskussion zum Thema *Gentechnik – Fluch oder Segen?* an Ihrer Schule schreiben Sie eine Zusammenfassung eines Interviews mit einem führenden Wissenschafter auf dem Gebiet der Genforschung.

Lesen Sie das Interview *„Organe aus dem Labor wären fantastisch"* von Peter Illetschko mit Jürgen Knoblich aus dem Magazin DER STANDARD FORSCHUNG 2/2017 vom 20. Juni 2017.

Verfassen Sie nun die Zusammenfassung und bearbeiten Sie dabei folgende **Arbeitsaufträge**:

- **Geben Sie einleitend die wesentlichen Aussagen Jürgen Knoblichs wieder.**
- **Nennen Sie die Gründe, weshalb laut Knoblich Teile der Bevölkerung der Gentechnologie skeptisch gegenüberstehen.**
- **Erschließen Sie die Vor- und Nachteile der Genforschung bzw. -manipulation anhand der Aussagen von Jürgen Knoblich.**

Schreiben Sie zwischen 270 und 330 Wörter. Markieren Sie Absätze mittels Leerzeilen.

„Organe aus dem Labor wären fantastisch"

Von Peter Illetschko | 21.06.2017

Zellbiologe Jürgen Knoblich ist für Arbeiten mit Fruchtfliegen bekannt. Besonderes Aufsehen erregte er, als in seinem Labor die bahnbrechende Züchtung eines Hirnorganoids glückte. Nun spricht er über ethische Fragen seiner Forschung.

Waren Sie überrascht, als 2013 der Versuch Ihrer damaligen Postdoktorandin Madeline Lancaster glückte, ein Gehirnorganoid zu entwickeln?

Knoblich: Man muss ehrlicherweise sagen: Das war schon einer dieser Glücksmomente, wo einfach viel zusammengepasst hat. […]

Wie reagieren Sie auf eventuelle Sorgen der Öffentlichkeit, hier könnte eine Art menschlicher Bioreaktor laufen?

Knoblich: Ich finde es schade, wenn in unserem Kulturkreis, in Deutschland übrigens genauso wie in Österreich, zuerst an die potenziellen Probleme gedacht wird, Das ist die Reaktion, wenn jemand etwas vollkommen Neues macht. Wenn man so über das Auto als Erfindung denken würde, dann hätte man es schon längst verbieten müssen. Jedes Jahr sterben tausende Menschen im Straßenverkehr. Man muss zuerst einmal sehen, welche einmaligen Chancen wir damit haben. Wir können Krankheiten auf molekularbiologischer Basis studieren und damit auch besser verstehen - womit diese Arbeit eine hohe gesellschaftliche Relevanz hat. Ich habe mich aber auf die Interaktionen mit der Öffentlichkeit und den Medien vorbereitet, versuche, Befürchtungen ernst zu nehmen, zu verstehen und auszuräumen. Ein bisschen bin ich stolz, dass von den gut tausend Berichten über unsere Arbeit damals nur ein einziger negativ war.

Warum ist diese von Ihnen beschriebene Skepsis ausgerechnet in Deutschland und Österreich so stark ausgeprägt?

Knoblich: Wahrscheinlich ist in den Kulturen beider Länder eine Skepsis gegenüber Versprechungen tiefverwurzelt. Es hat mit einer Angst vor Genetik, vor Menschenoptimierungen zu tun. Jedes Weltuntergangsszenario, Fantasien, wir würden Gehirne bauen, die dann autonom Entscheidungen treffen, würde ich aber entschieden zurückweisen, weil wir mit den Hirnorganoiden weder irgendetwas versprechen noch Menschen optimieren wollen. Das dient ausschließlich der Forschung - um zum Beispiel die molekularbiologischen Vorgänge hinter der Epilepsie besser zu verstehen. So konnte man diese Erkrankung noch nie studieren. Ich muss auch sagen: Selbst wenn es Wissenschafter gäbe, die damit Allmachtsfantasien verfolgen, was ich so gut wie ausschließen möchte: Jedes Experiment dieser Art muss nach strengen Richtlinien vorbereitet und durchgeführt werden. Man braucht die Zustimmung von Patienten, die Zellen für die Forschung spenden, man muss es ihnen erklären, und man muss es ihnen gut erklären. Das kontrolliert eine Ethikkommission, die nicht nur aus Wissenschaftern, sondern auch aus Theologen und Laien besteht.

Ist Österreich ein besonderer Fall von Zukunftsvergessenheit?

Knoblich: Es ist schon so, dass die Wissenschaft hierzulande, solange sie kein Geld bringt, nicht unbedingt oben auf der Agenda steht -- das halte ich für problematisch. Der Trend ist auch in den USA, in Frankreich und England spürbar. Überall wird gekürzt. Hier wird noch nicht gekürzt, aber im Vergleich zu den Anforderungen viel zu wenig erhöht. Man denkt kurzfristiger und versteht manches einfach nicht. Wenn man es global betrachtet, nimmt die Politik die Wissenschaft nicht so wichtig, aber zum Glück gibt es Wissenschafter, die den Mund aufmachen. Und zum Glück gibt es Schüler. Die sind sehr positiv gegenüber der Wissenschaft eingestellt und wollen genau wissen, wie man die Welt vielleicht ein Stück weit besser machen kann.

Ist die Öffentlichkeit mit der Schnelligkeit der Technologieentwicklungen überfordert, oder wird es ihr nicht gut erklärt?

Knoblich: In der Öffentlichkeit besteht große Angst vor der ferneren Zukunft. Es gibt ja Technologien [...] um Gene aus- oder einzuschalten. [...] Wenn es gelänge, Menschen genetisch zu verändern, wäre das schon ein Dammbruch. Das machen wir hier am Institut nicht, haben es auch sicher nicht vor. Ich glaube auch nicht, dass das in den nächsten zehn Jahren passieren wird. Aber es könnte in ferner Zukunft passieren, und da muss man sich jetzt Gedanken machen. Eine Diskussion darüber ist also gut und nützlich. [...]

Was sind die ethischen Probleme [...]?

Knoblich: Die zentrale Frage ist, ob und, wenn ja, wie man Lebewesen genetisch verändern kann. Es ist [...] möglich, dass wirklich alle Nachkommen dieser Lebewesen diese Veränderungen in sich tragen. Das nennt man GeneDrive. Technisch ist das möglich, wird auch unter enormen Sicherheitsvorkehrungen versuchsweise gemacht, die Frage ist, ob man das will und welche Folgen das auf das Ökosystem haben kann. Ein Beispiel: Wir würden niemals alle Gelsen so verändern, dass sie uns nicht mehr stechen. Da wäre uns das Umweltrisiko zu groß. Würden wir aber in einem Land leben, in dem jedes Jahr tausend Kinder an Malaria sterben, würden wir vielleicht anders darüber denken. Das kann kein Staat für sich allein regeln, da braucht man Regeln für die ganze Welt. Und damit ist noch nicht einmal die größte bioethische Frage aufgeworfen: Darf man [...] in das menschliche Erbgut eingreifen?

Wie denken Sie darüber?

Knoblich: Ich sehe kurzfristig keine Notwendigkeit dafür. Es gibt Erbkrankheiten, die man nur so behandeln könnte, es sind aber sehr wenige und wir sind uns derzeit über potenzielle Nebenwirkungen und die gleichzeitig möglichen schädlichen Mutationen nicht im Klaren. Wenn wir aber an die Welt in 50 Jahren denken, dann ist das anders. Dann möchte ich meine Kritik an der zentraleuropäischen Einstellung, besser alles so zu belassen, wie es ist, wiederholen: Diese Einstellung ist falsch, denn die Menschheit, die Erde verändern sich. Die Bevölkerung wächst, gleichzeitig ist die Zahl der Kinder in den vergangenen zehn Jahren konstant geblieben. Die Gesellschaft wird älter. Man weiß, dass Krankheiten wie Alzheimer und Parkinson im Jahr 2050 so viel kosten, dass sie jedes Gesundheitssystem kaputtmachen werden. Wir brauchen für die Probleme, die auf uns zukommen, vielleicht einmal bahnbrechende Lösungen. Ich lehne heute die genetische Veränderung eines Menschen ab, aber ich könnte mir vorstellen, dass meine Enkel einmal anders denken werden.

Gibt es auch relevante ethische Bedenken beim Thema Organzüchtung?

Knoblich: Organzüchtungen, wie wir sie für Forschungszwecke im Ansatz testen, sind ethisch selbstverständlich anders zu bewerten […]. Wenn wir irgendwann einmal dazu in der Lage sind, fertige Nieren im Labor zu züchten, dann wäre das ein riesengroßer Durchbruch. Das wäre ganz fantastisch für viele Leute, die dringend auf ein Spenderorgan warten und dabei verzweifeln. Komplette Organe im Labor zu machen ist ja noch nicht möglich. Nur für die Haut geht das. Eine Leber oder eine Niere ist zu komplex in der Dreidimensionalität, da sind die Wissenschafter noch ein großes Stück entfernt. Es werden oft auf einer anderen Ebene Dinge miteinander verknüpft, die nicht zusammengehören. Das Wirtschaftsgebaren von Firmen wie Monsanto, die sicherlich Dinge gemacht haben, die moralisch nicht in Ordnung waren, wird mit der von der Firma angewandten Technologie vermischt. Man muss Regeln aufstellen für derartige Unternehmen. Man kann ihnen verbieten, Bauern in ein Abhängigkeitsverhältnis zu bringen. Leider könnte eine solche Vermischung wieder passieren. Die Leute könnten sagen: Keine Organe aus Stammzellen, da verdienen nur die Pharmafirmen. Und deswegen wollen wir kein funktionsfähiges Organ, das wir zum Überleben brauchen? Die Pharmafirmen brauchen Regeln, stimmt. Aber deswegen sollte man die Technologie nicht verteufeln.

Die Nutzung embryonaler Stammzellen ist strengen Gesetzen unterworfen. Können Sie das als Wissenschafter gut nachvollziehen?

Knoblich: Natürlich. In hauptsächlich katholischen Ländern wie Österreich habe ich dafür auch großes Verständnis. Wir müssen die Stammzellen daher einführen, hier selbst dürfen keine produziert werden. Ich glaube aber, dass die Diskussion relativ abgeflaut ist. Und die Einstellung der Menschen gegen die Nutzung von embryonalen Stammzellen wird vielleicht bald nicht mehr so streng sein. In Skandinavien und in den USA starten klinische Versuche mit embryonalen Stammzellen bei Parkinson-Patienten. In Japan macht man es mit induzierten pluripotenten Stammzellen, das sind Haut- und Blutzellen, die man in den Urzustand zurückführen kann. Wenn das klappt und die Menschen sehen, dass damit jene Nervenzellen erneuert werden können, die bei Parkinson zerstört werden, dann sollte sich doch einiges im Umgang mit der Frage ändern. Ich glaube nicht, dass man die Nutzung solcher Stammzellen für die Forschung dann noch ernsthaft ablehnen kann. Wenn man es dennoch macht, sollte man aber ehrlicherweise auch die Therapie im Krankheitsfall nicht anwenden. Es ist ja jedem freigestellt zu sagen: Nein, ich will mich nicht mit diesen Stammzellen behandeln lassen.

QUELLE: DER STANDARD Forschung 2/2017. 21.06.2017, S. 53-55.

Eine Textanalyse schreiben

Merkenswert: Die wichtigsten Merkmale der Textanalyse

- **Einleitung mit Textbezug (Basissatz):** Textsorte, Namen der Autorin/des Autors, Thema, Erscheinungsdatum und -ort sowie Kurzinformation über Inhalt nennen
- **Sachlogischer Hauptteil:** Inhalt und Thema, Textfunktion, Kommunikationsform, Handlungsbereich, Entfaltung des Themas, Textstruktur, Satzbau, Wortwahl, Zitate
- **Zusammenfassung** und **Fazit**

Auf dem Weg zur Matura

Thema: Natur und Gesellschaft

A 13 Schreiben Sie eine **Textanalyse**.

Lesen Sie den Essay *Genscheiß oder Genverheißung* von Marc Elsberg aus dem Wochenmagazin Trend 34/2016 vom 26. August 2016.

Verfassen Sie nun die Textanalyse und bearbeiten Sie dabei folgende Arbeitsaufträge:

- **Fassen Sie die grundlegenden Informationen des Essays zusammen.**
- **Untersuchen Sie den Text nach formalen und inhaltlichen sowie stilistischen Auffälligkeiten.**
- **Erschließen Sie den Standpunkt des Verfassers aufgrund Ihrer Analyse.**

Schreiben Sie zwischen 405 und 495 Wörter. Markieren Sie Absätze mittels Leerzeilen.

Genscheiß oder Genverheißung?

Von Marc Elsberg | 26.08.2016

Die Debatten rund um den Einsatz von Gentechnik werden von Hysterie, Ignoranz und Geschäftemacherei geprägt. Höchste Zeit für einen ernsthaften Diskurs über die Zukunft der Menschheit.

Wahrscheinlich tragen Sie gerade Gentechnik auf der Haut. Achtzig Prozent der weltweiten Baumwollernte stammen aus gentechnisch veränderten Pflanzen. Gewaschen wurde die Kleidung vermutlich mit einem Mittel, das Enzyme enthält, die Schmutz schon bei 30 Grad entfernen und von gentechnisch veränderten Organismen (GVO) hergestellt werden. In Ihre Haut gerieben haben Sie womöglich Kosmetik mit Wirkstoffen aus Gentechtierchenproduktion. Mit Ihrem Frühstücksgebäck haben sich wahrscheinlich Lebensmittelzusätze aus deren Herstellung verzehrt. Falls Sie Diabetiker sind, stammt ihr Insulin von GVOs. So wie diverse andere Medikamente.

All das ist in Europa erlaubt, solange keine Reste der Organismen selbst in den Produkten vorhanden sind. Gentechnik ist längst überall. Dabei ist das erst der Anfang.

Dank der rasanten Entwicklung der Biotechnologie, der Entschlüsselung von immer mehr Genomen, inklusive des menschlichen, des rasenden Fortschritts der Informationstechnologien (Big Data, Automatisierung) und der Entdeckung des CRISPR/Cas9-Verfahrens befinden wir uns mitten in einer Revolution. Von der Öffentlichkeit bislang kaum diskutiert. Dabei gäbe es so viel zu klären!

Das liegt zum einen an der Art, wie die Debatte geführt wird (besonders in Europa und da im deutschsprachigen Raum). In ihr geht es selten um Fakten (auch wenn das gern behauptet wird), sondern um deren Präsentationsform. In welche Geschichten verpackt man sie? Die „Narrative", für mich als Erzähler natürlich besonders interessant.

Frankenfood und Genscheiß

Es beginnt mit den Benennungen. „Frankenfood" oder „Genscheiß" sind gentechnisch veränderte Nahrungsmittel für die einen. Befürworter dagegen werfen den Gegnern schon einmal einen „stillen Holocaust" vor, weil sie etwa die Anwendung von „Golden Rice" verhindern wollen.

Das Diskussionsniveau bessert sich leider nicht angesichts der neuen Entwicklungen. Mittels CRISPR/+ […] kann man Gene nun präzise editieren. Viel einfacher als bisher kann man nun bestimmte Gene deaktivieren. Oder das Schädlingsresistenzgen einer Kartoffelsorte in eine nicht resistente Sorte einbauen (cisgener Transfer). Viele Experten und Politiker sehen das nicht als Gentechnik. Natürlich kann man nun auch artfremde Gene leichter in ein Genom einbauen (transgen). In ihrer Argumentation konzentrieren sich Befürworter gern auf die cisgenen Ansätze und weniger auf die transgenen. So schafft man kein Vertrauen.

Die neue Methode hinterlässt keinerlei Spuren im Genom. Was die Diskussion überflüssig machen könnte. Wo kommt denn dieser besondere Mais her? Na, da hat sich die Natur wohl eine besondere Mutation erlaubt

Den Gegnern nimmt CRISPR/+ einige ihrer Lieblingsargumente, etwa: Die bisherigen Gen-Einschleusungen nach dem „Zufallsprinzip" sind zu riskant. Dank zielgenauen Arbeitens ist das Argument obsolet. Trotzdem wird es weiterhin verwendet. Es gibt noch eine Menge Beispiele bis hin zu gefälschten Studien von beiden Seiten.

Braucht kein Mensch, lässt sich aber besser verkaufen

Ein weiterer Grund für das Debattenniveau sind natürlich Tatsachen. Endlich sollen medizinische Wundermittel möglich und der Bevölkerung damit Gentechnik schmackhaft gemacht werden, doch was wird als erstes „CRISPR/+"-Produkt zugelassen? Ein Champignon, dessen Druckstellen nicht mehr braun werden. Braucht kein Mensch. Lässt sich aber besser verkaufen. Deshalb wird es gemacht. Von diversen Geschäftspraktiken mancher Konzerne ganz zu schweigen. Wobei Gentechnik und Geschäftspraktiken eigentlich zwei Paar Schuhe sind. Und dann die Designerbabys! Wir werden Wundermedizin entwickeln und Bioindustrie, quasi Natur aus Natur, aber alle reden nur über potenzielle Designerbabys!

Ich übrigens auch in meinem neuen Thriller „Helix". Kein Wunder, denn nirgends geht es unmittelbarer um uns Menschen. Dabei sind Designerbabys noch Jahre, wenn nicht Jahrzehnte entfernt. Oder auch nicht. Noch vor fünf Jahren gab es kein CRISPR/+. Jetzt haben wir die Revolution. Experimente an der menschlichen Keimbahn wurden bereits durchgeführt. Chinesische Teams versuchten, Embryonen immun gegen Beta-Thalassämie und HIV zu machen. Ein Segen, werden viele sagen, das Ende der vererbbaren Krankheiten! Könnte man bei den meisten Krankheiten allerdings auch durch Präimplantationsdiagnostik und Aussortieren der betroffenen Embryonen erreichen. Was in besonderen Fällen übrigens auch in Österreich inzwischen erlaubt ist.

Weniger Krankheiten verschieben die gesellschaftliche Definition von Krankheit. Was oder wer wird als Nächstes aussortiert? Leseschwäche etwa ist teils genetisch bedingt, das zeigen Forschungen der Verhaltensgenetik. Heute Schwäche, morgen Krankheit? Aussortieren oder dank Kenntnis Frühförderung?

Emmanuelle Charpentier, eine der Entdeckerinnen von CRISPR/Cas9, ist klar gegen Eingriffe in die menschliche Keimbahn. „Warum sollte man das tun?", fragt sie. Die Antwort ist allzu menschlich: des Vorteils wegen. Höhere Intelligenz, größere Stärke bringen mehr Macht und besseren Zugang zu Ressourcen.

Andere Kulturen haben einen anderen Zugang. Was werden wir tun, falls sie eines Tages beginnen, ihre Bevölkerung genetisch „aufzurüsten"? In einer weiteren Diskussion fürchten wir uns gerade davor, dass künstliche Intelligenz den Menschen bald überflügelt. Und wenn der Mensch intelligenter werden könnte? We' ll be back, Terminator. Or not.

Wann immer der Mensch Gott spielt, muss die Sache schiefgehen

Dann sind da noch die Gefühle. Angst vor dem Neuen. Ablehnung des „Unnatürlichen". Ein Narrativ, so alt wie die Menschheit: Natur gegen Kultur. Der Golem, Frankenstein, Dr. Moreaus Insel, Schöne neue Welt, Jurassic Park – wann immer der Mensch Gott spielt, muss die Sache schiefgehen und die Schöpfung wendet sich wie beim Zauberlehrling gegen ihn. Tut sie in der Realität aber mehrheitlich nicht, im Gegenteil. Sonst wären wir als Menschheit heute nicht da, wo wir sind (ja, trotz Klimawandel, unveränderter Aggression und anderer Katastrophen geht es mehr von uns besser als allen Generationen da-

vor. Und wer „Unnatürliches“ ablehnt, müsste konsequenterweise auf sämtliche technischen und kulturellen Errungenschaften verzichten). Deshalb finde ich das andere Szenario viel spannender: Natur und Kultur. Was machen wir, wenn die Sache gelingt? Der Frage gehe ich in „Helix“ nach.
Wir stellen sie uns höchst ungern. Weil sie mehrfach an unserem (westlichen) Menschenbild rüttelt.

Du bist Erde und sollst zu Erde werden

Eine herbe Kränkung unseres Selbstbildes in dieser Diskussion ist die Reduktion des Menschen auf Dinglichkeit. Alles Leben besteht aus einer überschaubaren Anzahl chemischer Grundbausteine, die DNS gerade einmal aus vier. Simple Materie? „du bist Erde und sollst zu Erde werden“, heißt es schon in der Bibel (1. Mose, 3:19). Allerdings erwarb diese Materie in der Evolution eine faszinierende Fähigkeit: sich selbst zu programmieren (wenn auch nicht mit einem bewussten Ziel, sondern per Trial und Error) - der genetische Code. Je nachdem, wie sich die Grundbausteine zusammensetzen, bleiben sie ein Haufen Kohlen-,Sauer-, Stick-, Wasserstoff usw., werden ein Bakterium oder eine menschliche Gehirnzelle. Wir, bloß programmierte Materie? Zunehmend programmieren wir selber. Forscher schaffen bereits synthetisches Leben.
Wir sehen uns als Krone der Schöpfung. Weil wir unsere Entwicklung nur rückblickend betrachten. Bis hierher und nicht weiter? Die Erde hat noch ein paar Milliarden Jahre Entwicklung vor sich. Und wir? Es wird Zeit für eine breite Debatte statt Ignoranz und gegenseitiger Hysterie.

QUELLE: trend 34/2016 (26.08.2016). S. 22.

Eine Textinterpretation schreiben

Merkenswert: Die wichtigsten Merkmale der Textinterpretation

- **Einleitung mit Textbezug (Basissatz):** Textsorte, Namen des Autors/der Autorin, Thema, Erscheinungsdatum und -ort sowie Kurzinformation über Inhalt nennen; eventuell: Informationen über den Autor, spezifische Merkmale der Epoche, Umstände des Erscheinens bzw. der Entstehung des Textes
- **Hauptteil:** Analyse des literarischen Textes nach formalen, sprachlichen und inhaltlichen Kriterien; Formulierung einer Deutungshypothese unter eventueller Einbeziehung biographischer Aspekte
- **Zusammenfassung und Fazit:** persönliche Einschätzung des Textes nach interpretatorischen Kriterien (Hauptteil) und evtl. nach sprachlicher sowie poetischer Qualität

Auf dem Weg zur Matura

Thema: Natur und Gesellschaft

A14 Schreiben Sie eine **Textinterpretation.**

Lesen Sie das Gedicht *Mysterium* (1842) von Christian Friedrich Hebbel auf S. 70.

Verfassen Sie nun die Textinterpretation und bearbeiten Sie dabei folgende Arbeitsaufträge:

- Beschreiben Sie den Inhalt des Gedichts bzw. die Situation im Gedicht.
- Analysieren Sie das Gedicht hinsichtlich Aufbau, Stil und inhaltlichen Auffälligkeiten.
- Deuten Sie das Gedicht, indem Sie auch auf den Titel des Textes eingehen.

Schreiben Sie zwischen 540 und 660 Wörter. Markieren Sie Absätze mittels Leerzeilen.

Christian Friedrich Hebbel: **Mysterium** (1842, Text in Originalschreibung)

Oh, könnte ich den Faden doch gewinnen,
Der, mich mit Gott und der Natur verknüpfend,
Und, abgewickelt, das Geheimste lüpfend,
Verborgen sitzt im Geist und in den Sinnen!

Wie wollte ich ihn mutig rückwärts spinnen,
Bis er mir, endlich von der Spindel hüpfend,
Und in den Mittelpunkt hinüberschlüpfend,
Gezeigt, wie All und Ich in eins zerrinnen.

Nur fürchte ich, daß, wie ich selbst Gedanken,
Die gleich Kometen blitzten, schon erstickte,
Eh' ich verging in ihrem glühnden Lichte,

So auch das All ein Ich, das, seiner Schranken
Vergessen, an das Welten-Rätsel tickte,
Aus Notwehr, eh' es tiefer dringt, vernichte.

Infobox:

Christian Friedrich Hebbel: 1813–1863, war ein deutscher Lyriker und Dramatiker, der der Epoche des Realismus zugeordnet wird.

Im Rückwärtsgang: *Der Winter tut den Fischen gut*

A15 Lesen Sie die Rezension *„Das glaubt dir niemand"* von Christina Böck. Stellen Sie fest, ob Sie aufgrund des Textes einen für Sie ausreichenden Überblick über den Inhalt des Romans *Der Winter tut den Fischen gut* von Anna Weidenholzer bekommen haben, und begründen Sie, weshalb (nicht).

„Das glaubt dir niemand"

Von Christina Böck | 08.03.2013

Es gibt sie schon noch. Aber sie werden immer weniger: die kleinen mittelschicken Damenboutiquen, Familienunternehmen mit persönlicher Betreuung statt „Bitte nur fünf Teile in die Kabine mitnehmen". In einer solchen arbeitet Maria, die Hauptfigur in Anna Weidenholzers Roman „Der Winter tut den Fischen gut". Also, sie hat dort gearbeitet. Denn Maria ist arbeitslos. Und das schon seit Monaten. In dem Buch beschreibt Weidenholzer nicht nur die trostlosen Tage ohne Beschäftigung, sondern sie verfolgt Maria auch im Rückwärtsgang durch ihr Leben. Bis zurück in die Kindheit.

Mit „Der Winter tut den Fischen gut" ist Weidenholzer nun für den Preis der Leipziger Buchmesse, die nächste Woche stattfindet, nominiert. Dass in der Wochenzeitung „Zeit" böse kritisiert wurde, dass keine renommierten Autoren, sondern nur aufstrebende Schriftsteller dafür ausgewählt wurden, kümmert die 29-jährige Oberösterreicherin wenig. Ist ihr doch die Nominierung schon Auszeichnung genug. Kritiker loben ihren Roman dafür, ein topaktuelles Thema aufzugreifen, das in der Literatur etwas stiefmütterlich behandelt wird. Warum das so ist, sieht Anna Weidenholzer recht pragmatisch: „Das Leben als Arbeitsloser ist nicht besonders spannend. Da gibt es nicht viel zu erzählen normalerweise."

Identitätsverluste

Dass es doch ein spannendes Buch geworden ist, das verdankt Weidenholzer auch dem Theater Hausruck. Bei einer Produktion, in der Ex-Mitarbeiter einer stillgelegten Möbelfabrik in Attnang-Puchheim beim „Kapitalismus-Kirtag" ihre Schicksale erzählten, bekam ihre Roman-Idee konkrete Formen. „Da habe ich gewusst, ich muss auch solche Interviews mit betroffenen Frauen führen, um zu meiner Figur zu finden. Die Gespräche haben mir sehr geholfen, ein Stück von ihrer Lebensrealität zu erfahren. Maria ist älter als ich, sie hat einen anderen Erfahrungshintergrund. Diese Interviews waren zum Teil irrsinnig berührend und so stark, dass ich mir gedacht habe: Das glaubt dir niemand, dass so viel in ein Leben passt!" Einfach war es freilich nicht, Frauen für diese Gespräche zu gewinnen: „Die Scham ist nicht zu unterschätzen bei der Langzeit-Arbeitslosigkeit." Die Interviews sind auch der Grund dafür, dass man Maria rückwärts kennenlernt: „Das ist ganz typisch, dass man auch seine Identität ein Stück weit verliert, wenn man seinen Beruf verliert. Wir definieren uns da sehr stark darüber." Deswegen ist Maria zu Beginn nur die Arbeitslose, die den Tag totschlägt, indem sie auf einem Markt die Standler beobachtet. Und am Ende ist sie, ohne zu viel zu verraten, eine Ehefrau, die einiges mitgemacht hat, sie ist die liebevoll-distanzierte Tante eines Kindes, sie ist eine zurückhaltende Kollegin – und sie ist Halterin eines ganz besonderen Haustieres. Nämlich von Frosch Otto, den sie als Kaulquappe aufnimmt. „Ich wollte, dass sie ein Tier hat. Aber eins, das zu ihrer Zurückgezogenheit passt."

Weidenholzer hat auch in der Ratgeber-Literatur für Arbeitslose recherchiert. „Einen Satz fand ich besonders skurril: ‚Machen Sie konsequent, systematisch, parallel, schnell und viel.'„ Maria kennt den Satz auswendig. Er hilft ihr nicht. Bei der Lektüre ist die Autorin auch auf so manches gestoßen, dass am Rande des Unverantwortlichen ist. „Ein Buch etwa heißt ‚In 90 Tagen aus der Arbeitslosigkeit'. Da bekommt man Aufgaben zum Abhaken und Stundenpläne für jeden Tag. Wenn man es bis Tag 90 nicht geschafft hat, Arbeit zu finden, kommt man zu Kapitel 91, das den zynischen Titel ‚Endzeit' trägt."

Ihre schreiberischen Lehrjahre hat Weidenholzer als Chronikjournalistin der „Oberösterreichischen Nachrichten" gemacht: „Menschen fragen, wie es ihnen geht, nachdem ein Verwandter bei einem Unfall gestorben ist, das war heftig." Das liegt hinter ihr, heute führen sie Stipendien unter anderem nach Berlin. Und doch findet sie die größte Inspiration in Linz: „In Linz muss ich nur in einen Bus einsteigen und hab schon mindestens drei neue Geschichten. Ich denke, es wird sich nie ablegen lassen, dass ich aus Oberösterreich bin, auch wenn ich seit zehn Jahren in Wien lebe. Das mag die Sprachmelodie sein, vielleicht die Sicht auf die Dinge. Aber vielleicht ist es auch einfach nur der Most."

QUELLE: http://www.wienerzeitung.at/themen_channel/literatur/autoren/530122_Das-glaubt-dir-niemand.html; (abgerufen am 04.04.2017)

A16 Kommentieren Sie den letzten Absatz (Zeile 78–92) der Rezension *Das glaubt dir niemand*. In welchem Zusammenhang steht er mit dem Rest des Textes? Welchen Informationswert über das Werk der Autorin hat er?

A17 Lesen Sie nun den Einstieg in den Roman *Der Winter tut den Fischen gut* von Anna Weidenholzer. Analysieren Sie ihn hinsichtlich sprachlicher bzw. stilistischer Besonderheiten.

Anna Weidenholzer: **Der Winter tut den Fischen gut**

Wenn er die Tür öffnet, werde ich sagen, vielen Dank für die Einladung. Ich werde sagen, mein Name ist Maria Beerenberger, ich freue mich, Sie kennenzulernen. Setzen Sie sich, wird er sagen und mir einen Platz anbieten. Ich werde gewusst haben, welche Kleidung ich anziehe. Ich werde mir überlegt haben, wie ich persönlich bin. Er wird eine Krawatte tragen und eine silberne Armbanduhr. Er wird sagen, Frau Beerenberger, erzählen Sie. Gern, werde ich sagen, gern. Ich kenne mich mit der Materie aus. Zumindest habe ich das erreicht, was ich erreichen wollte. Jetzt müssen wir warten. Wovon sprechen Sie, wird er fragen, Frau Beerenberger, was erzählen Sie da. Nun, werde ich sagen, ich sitze Ihnen gegenüber, weil ich die Sätze der Menschen kenne, die im Leben stehen, weil ich eine von ihnen sein werde. Ich habe zu wenig an mich geglaubt, wissen Sie, ich habe zu wenig an meine Zukunft geglaubt. Warum, wird er fragen, bitte, erzählen Sie. Dann wird er schweigen, sich in den Sessel zurückfallen lassen. Gut, werde ich sagen, wenn Sie möchten. Der Tag vergeht, das Licht verbrennt, sagte meine Nachbarin. Fangen wir von hinten an.

QUELLE: Weidenholzer, Anna: Der Winter tut den Fischen gut. München: dtv 2015. S. 5.

v6pb6q

A18 Sehen Sie sich das Video https://www.youtube.com/watch?v=-MM3G07OLEc an und ergänzen Sie die Tabelle. Beschreiben Sie in der Spalte Einstellung in Stichworten, welche Kameraeinstellung Sie erkennen und was Sie über die Bildkomposition feststellen können (*sprachreif 3, S. 152 ff.*). Notieren Sie in der Kommentarspalte, wie der Abschnitt auf Sie wirkt.

Abschnitt	Inhalt	Einstellung	Kommentar
00:00–00:31			
00:31–00:45			
00:45–01:31			
01:31–02:20			
02:20–02:27			
02:27–02:35			

A19 Lesen Sie den Roman *Der Winter tut den Fischen gut* von Anna Weidenholzer.

A20 Anna Weidenholzer gibt im Video (A18) Hinweise auf die Entschlüsselung des Charakters der Maria Beerenberger. Lesen Sie den folgenden Auszug und weisen Sie anhand des Textes nach, was die Autorin über die Protagonistin sagt.

Im *Bistro Brigitte* saßen Maria, Martha und Angelika jeden Mittwoch, zum Wochenteiler, wie sie sagten, es ist gut, wenn die Woche bald zu Ende ist. Im *Bistro Brigitte*, wo es nur zwei Sorten Wein gibt: rot oder weiß. Der Wochenteiler brachte das Wochenende näher, und das Wochenende mochten sie alle, Maria, Martha, Angelika. Am Wochenende verging der Sonntag viel zu schnell. […] Das Wochenende war von großer Bedeutung, für Martha und Angelika wird es immer noch so sein, denkt Maria, als sie das *Bistro Brigitte* hinter sich gelassen hat, und sie überlegt, ob die beiden jetzt Vollzeit arbeiten. Martha und Angelika blieben, sie riefen an: Maria, du wirst uns fehlen, du kommst doch weiterhin zum Wochenteiler. In den ersten Wochen fuhr Maria jeden Mittwoch mit dem Bus zum *Bistro Brigitte*, sie nahm von der Bushaltestelle einen Umweg, sodass sie nicht an der Boutique vorbeikam. […]

In den ersten Monaten kam Maria noch regelmäßig zu den Treffen. Ich bin ganz müde von der Arbeit, sagte Martha einmal, hast du den Kunden mit der roten Brille heute gesehen, sagte Angelika, und Maria schwieg, bis sie gefragt wurde: Was machst du jetzt immer, wie geht es dir. Maria sagte, dass sie müde sein, dass sie die Erschöpfung im Rücken spüre. Wie das, sagte Martha, du hast doch frei, du kannst lange schlafen, du brauchst nicht um acht in der Boutique stehen, freu dich doch. Erzähl, was gibt es Neues, hast du Arbeit gefunden. Maria sagte: Weißt du, es ist schwierig, ich suche, aber ich bin zuversichtlich, es gibt viele Möglichkeiten. […] Maria trank einen Schluck, und sie sah Angelikas Blick, der sagte: Du bist immer schon langsam gewesen. Niemand wird einfach so gekündigt, irgendetwas hat man falsch gemacht. […] Weißt du, sagte Maria, ich habe viel zu tun, ich muss Arbeit finden, das nimmt viel Zeit in Anspruch, und Angelika schaute mit diesem Blick, der Maria ihren Kopf senken ließ.

QUELLE: Weidenholzer, Anna: Der Winter tut den Fischen gut. München: dtv 2015. S. 86–89.

A 21 Erstellen Sie eine Prezi, die einerseits den Inhalt des Romans *Der Winter tut den Fischen gut* von Anna Weidenholzer präsentiert, andererseits auf Besonderheiten des Romans eingeht:

- Aufbau und Erzähltechnik
- sprachliche Auffälligkeiten
- Entwicklung des Charakters der Maria Beerenberger

A 22 Wenn Sie A18 bearbeitet haben, haben Sie von der Autorin Hinweise zum Charakter der Protagonistin bekommen. Besprechen Sie, inwiefern es sich um ein Autoritätsargument handelt/handeln kann, wenn Sie sich auf die Autorin berufen.

A 23 Ergänzen Sie die Ausführungen der Autorin über Maria Beerenberger nach der Lektüre des Romans in einem Text von 270–330 Wörtern.

Sprachwerkzeug: Formulierungen in einem literaturanalytischen Text

- Konjunktiv bei Zitaten: Maria Beerenberger, die Protagonistin des Romans *Der Winter tut den Fischen gut*, versuche im Laufe des Romans Stücke ihrer Identität wiederzugewinnen, erklärt die Autorin Anna Weidenholzer.
- Knappe Darstellung des Inhalts: Maria wird mit Ende 40 arbeitslos.
- Hinweise auf inhaltliche Aspekte: Im Kreise ihrer Freunde ist Maria …, wie etwa in Kapitel 27 zu lesen ist.

Zwischenstopp

Sie sollten jetzt folgende Teilkompetenzen erworben haben:

- ein Werk der österreichischen Gegenwartsliteratur nach analytischen Kriterien wie Personencharakterisierung, Themenstellung und sprachlichen Auffälligkeiten untersuchen können
- unterschiedliche Quellen zu einem Werk der österreichischen Gegenwartsliteratur nutzen können

Risse im Beton – eine Wandzeitung gestalten

9ea3y6

Für den Fall, dass Sie nicht mehr genau wissen, was eine Wandzeitung ist, schlagen Sie in *sprachreif 2* auf S. 57 nach oder schauen Sie hier online nach.
Gestalten Sie den folgenden Abschnitt als Wandzeitung, um Ihren Arbeitsfortschritt besser zu dokumentieren.

Vor dem Film

A 24 Sehen Sie sich den Trailer zu dem Film *Risse im Beton* von Umut Dağ an. Formulieren Sie fünf Fragen im Zusammenhang mit dem Film, die Sie gerne beantwortet hätten und von denen Sie vermuten können, dass sie beim Ansehen des Films beantwortet werden.
http://www.risseimbeton.com/

Merkenswert: Der Trailer

Ein Trailer ist ein kurzer Videoclip, der als Werbefilm für einen Film eingesetzt wird. Er besteht aus Ton-, Bild- und Sprachausschnitten des eigentlichen Films, gibt Hinweise auf die Handlung und soll das Publikum zum Ansehen des Films, für den er wirbt, anregen. Seit der zweiten Hälfte des 20. Jahrhunderts gibt es eigene Firmen, die mit der Herstellung von Trailern beauftragt werden – die Regisseurinnen und Regisseure haben meist nichts mit der Produktion von Trailern zu tun.

A 25 Vervollständigen Sie den folgenden Lückentext mit den Wörtern aus dem Kasten.

Der Teaser

Werbefilm   halben   Erinnerungsbild   Key-Art-Symbol   1930er Jahren
Spartacus   Trailer   Hauptfilm

Einen kurzen ______________, der bereits bis zu einem ______________ Jahr vor dem Filmstart in die Kinos kommt, nennt man Teaser. Wichtig ist, dass ein bestimmtes ______________ bei den Zuschauerinnen und Zuschauern hinterlassen wird, an das später ein Trailer anknüpfen kann. Wenn dies besonders eindringlich ist, nennt man es ______________.
Bereits in den ______________ verwenden US-amerikanische Filmstudios Teaser, um auf Filme aufmerksam zu machen. Im Jahr 1960 erschien sechs Monate vor dem Filmstart ein Teaser für den Film ______________, seitdem hat sich diese Zeitspanne als Standard etabliert. Im Gegensatz zum ______________ werden für Teaser oft eigene Filmsequenzen gedreht, die dann im ______________ gar nicht vorkommen.

Tipp Schauen Sie sich online Teaser zu *Risse im Beton* an, um den Unterschied zwischen Trailer und Teaser besser nachzuvollziehen.

A 26 Gestalten Sie in Gruppen ein übersichtliches Plakat, um den Unterschied zwischen Teaser und Trailer zu visualisieren.

Während des Films

Das Licht

Die Lichtmenge definiert eine bestimmte Stimmung im Film. Wenn die Beleuchterin bzw. der Beleuchter gut mit dem Regisseur zusammenarbeitet, kann mit dem Licht eine eigene Bedeutungsebene geschaffen werden. Das, was das Publikum als „normales" Licht wahrnehmen soll (Tageslicht), ist **mit technischem Aufwand verbunden**, weil Räume, Szenen, usw. so ausgeleuchtet werden müssen, dass die Natürlichkeit nicht verloren geht.

- **Standardbeleuchtung:** „normales" Licht – der in der Szene dargestellten Tageszeit/Räumlichkeit entsprechend
- **Low-Key-Stil:** Schattenflächen gewinnen an Dominanz, nicht alle Bildausschnitte sind ausgeleuchtet, „düster"
- **High-Key-Stil:** viele Lichtquellen (die das Publikum teilweise auch wahrnimmt), „intensiv"

Merkenswert: Diegetische Lichtquellen im Film

Als diegetische Lichtquelle bezeichnet man eine **in der erdachten Welt des jeweiligen Films tatsächlich existierende Lichtquelle**, z. B. Lampen, die Sonne, …
Im Gegensatz dazu sind Scheinwerfer hinter und über der Kamera nichtdiegetische Lichtquellen, weil sie die Szene ausleuchten sollen, aber **nicht Teil der Filmwelt** sind.

A 27 Analysieren Sie die Exposition des Films *Risse im Beton*. Welche Lichtquellen kommen vor? Wie bestimmt die Lichtmenge den ersten Eindruck in Zusammenhang mit dem weiteren Handlungsverlauf?

Die Kameraperspektive

Je nachdem, aus welchem Winkel die Kamera eine Person oder ein Objekt zeigt, ergibt sich eine bestimmte Perspektive:

- **Normalsicht:** Kamera auf Augen- oder Hüfthöhe der abgebildeten Person
- **Untersicht:** Froschperspektive; von unten nach schräg oben
- **Obersicht:** Vogelperspektive; von oben nach (schräg) unten

A 28 Achten Sie auf unterschiedliche Kameraperspektiven, während Sie den Film ansehen. Finden Sie je ein Beispiel und beschreiben Sie die Wirkung, die die jeweilige Perspektive auf Sie hat.

A 29 Analysieren Sie, wie Ertan und Mikail filmsprachlich inszeniert werden. Verwenden Sie die hier abgedruckte Tabelle als „Notizblock" für Aufzeichnungen, während Sie den Film ansehen.

Kriterien der Inszenierung	Ertan	Mikail
Kleidung		
Körperbau		
sonstige äußere Merkmale		
Sprache/sprachliche Merkmale		
Objekte, Gegenstände		
im Kontakt mit anderen Figuren		

Die Erzählperspektive

Die Erzählperspektive im Film wird durch mehrere Faktoren bestimmt. Sie sind denjenigen, die Sie bereits aus der Literatur kennen, ähnlich.

- **Erzählerrolle:** auktorialer Erzähler, personaler Erzähler, Ich-Erzähler, neutraler Erzähler
- **point of view:** Standort der Erzählerin/des Erzählers; meistens distanziert, um dem Publikum einen Überblick zu geben
- **Erzählhaltung:** mitreißend, begeisternd, humorvoll, distanziert, berührend, kritisch, ablehnend, …

Oft wird der Erzähler nicht explizit gemacht, d. h. es gibt keine Stimme, die dem Publikum den Handlungsverlauf „erklärt". Wohl aber existiert der Erzähler stets, weil er Handlungselemente auswählt und präsentiert.

Tipp Die Exposition des Films *Casino* (1995, Martin Scorsese) präsentiert einen expliziten Ich-Erzähler, indem eine Stimme aus dem Off (Robert DeNiro) in die Handlung einführt.

A 30 Stellen Sie fest, welche Erzählperspektive im Film *Risse im Beton* dominiert.

A 31 Gestalten Sie Ihre Wandzeitung optisch ansprechend mit Fotos, Symbolen, …

Nach dem Film

A 32 Verfassen Sie eine Filmanalyse von *Risse im Beton*.

- Geben Sie den Inhalt des Films in eigenen Worten knapp wieder.
- Charakterisieren Sie die beiden Protagonisten.
- Untersuchen Sie die auffälligsten filmsprachlichen Mittel.
- Schreiben Sie 405 bis 495 Wörter.

Sprachwerkzeug:
Der ältere Protagonist heißt Ertan; er ist ein Mann in den Dreißigern, der nach zehn Jahren aus dem Gefängnis entlassen wird.[1]
Der 15-jährige Mikail verlässt die Schule und dealt mit Drogen. Es stellt sich heraus, dass …

A 33 Sagen Sie in zwei Sätzen, weshalb Sie den Film (nicht) weiterempfehlen würden.

A 34 Lesen Sie den Ausschnitt aus einem Inview mit Umut Dağ. Sprechen Sie mit einer Kollegin/einem Kollegen darüber, ob sich die Besetzung einiger Rollen mit Laien bemerkbar macht.

[1] vgl. auch: http://orf.at/stories/2245803/2245805/ (29.09.2017)

Risse im Beton ist kein einfacher Dreh. Wir haben dieses Mal mehr Laien als das letzte Mal. [beim vorangegangenen Film *Kuma*, Anm.].Wir hatten bei *Kuma* zwei wunderbare professionelle Schauspielerinnen als Hauptdarstellerinnen, die den Film getragen haben. Sie waren so gut, dass ich nur noch ein wenig lenkend zur Seite stand. Mit nicht-professionellen Darstellern haben wir in *Kuma* nur die Nebenfiguren besetzt. Murathan Muslu ist nach den beiden Rollen, die er in meinen Filmen gespielt hat, kein Laie mehr, dennoch hat er keine klassische Schauspielausbildung, sondern macht alles aus dem Bauch heraus. Unter den 16-Jährigen habe ich lauter Talente, zum Glück extrem gute, tolle Talente, dennoch sind sie unberechenbar. Es sind keine Kids aus einem bürgerlichen Bezirk, die wir ein bisschen auf „harte Jungs" umstylen, es sind ganz einfach harte Jungs, die ihre Vorstrafen haben, die von etlichen Schulen rausgeflogen sind. Sie sind so wie sie sind, haben ihren Ehrenkodex und ihr eigenes Verständnis von Respekt und Disziplin. Das sind unberechenbare Faktoren. Für die Nebendarsteller haben wir Laien, aber auch ein paar Schauspiel-Profis und man muss in so einem gemischten Ensemble sehr aufpassen, dass es nicht sichtbar wird. Das in Kombination mit meinem Drehstil, damit meine ich, dass ich auflöse, Close-ups habe, in die Emotionen reinschneiden will, nicht in Plansequenzen drehen oder in Halbtotalen auflösen will, macht die Sache extrem schwierig, weil wir sehr viel wiederholen müssen und zwar nicht ein, zwei Mal, sondern einen Tag lang. Das ist hart. Das Endergebnis sollte diesen Aufwand und Stress wert sein, denn ich bin überzeugt so kann ich die Thematik aus der Klischeefalle heraushalten.

QUELLE: http://www.austrianfilms.com/news/umut_dag_dreht_risse_im_beton; (abgerufen am 12.05.2018)

Zwischenstopp

Sie sollten jetzt folgende Teilkompetenzen erworben haben:

- filmische Erzählweisen analysieren können
- filmsprachliche Mittel erkennen und beschreiben können

Zusammenfassung

Engagierte Literatur bezeichnet im Allgemeinen Literatur, die sich mit aktuellen gesellschaftspolitischen Themen auseinandersetzt. In der Regel sind die Schriftstellerinnen und Schriftsteller auch abgesehen von ihren literarischen Werken politisch engagiert.

Moderatorinnen und **Moderatoren** tragen wesentlich zum Gelingen einer Diskussion bei, indem sie u. a. auf die Einhaltung der Gesprächsregeln achten sowie fair und neutral bleiben.

Ein **Autoritätsargument** ist ein Argument, dessen Grundlage eine Aussage einer (manchmal: scheinbar) kompetenten Persönlichkeit ist.

Bei der **Rezeption österreichischer Gegenwartsliteratur** kann es hilfreich sein, mehrere Quellen in unterschiedlichen Medien zu konsultieren, um eine Grundlage für einen eigenen Zugang zum jeweiligen Werk zu bekommen.

Besondere Aspekte der **Filmanalyse** sind zum Beispiel die Gestaltung des Lichts und die Kameraperspektive, die Aufschluss über die beabsichtigte Stimmung im Film geben können.

Mündliche Maturafrage: Literatur und Gesellschaft (Themenpool)

1 Beantworten Sie die mündliche Maturafrage. Sie haben 15 Minuten Vorbereitungszeit.

Thema: Engagierte Literatur

Sprechen Sie über folgende Aufgabenstellung:

- **Fassen Sie** den Essay von Josef Haslinger in eigenen Worten **zusammen**.
- **Erläutern** Sie den Zusammenhang zwischen Moral und Literatur, wie er im Essay hergestellt wird.
- **Nehmen Sie** zur Frage **Stellung**, ob Schriftstellerinnen und Schriftsteller sich politisch engagieren sollen.
- **Bewerten Sie** Bestrebungen, Literatur (und Kunst) nur nach ästhetischen Kriterien zu beurteilen.

Die Schriftsteller und die Moral

Plädoyer für eine neue engagierte Literatur

Von Josef Haslinger | 14.04.2000

[…] Warum wird die Wirkung von Literatur, ausgerechnet von Literatur, so hoch eingeschätzt, dass man immer wieder glaubt, sie verbieten zu müssen? Für mich gibt es dafür nur eine Erklärung: Was das Lesen von anderen Kulturleistungen unterscheidet, ist die Tatsache, dass man es allein tun muss. Gemeinsam mit anderen kann man Musik hören, in ein Museum gehen, einen Film oder ein Theaterstück sehen. Aber während des Lesens ist man allein mit dem Text, und man ist damit jenseits jeder sozialen Kontrolle. Weil Literatur in dieser besonderen Weise wahrgenommen wird – allein, sozial unkontrolliert, wird ihre Wirkung nach wie vor überschätzt. Literatur, darauf beharre ich, hat einen Einfluss auf die intellektuelle Konstitution des Lesers, auf seine Fähigkeit, die Welt wahrzunehmen und zu deuten, aber auf das konkrete soziale Verhalten der Menschen hat sie, im Gegensatz zur aufdringlichen Bilderflut anderer Medien, nur noch einen geringen Einfluss.

Bemerkenswert erscheint mir in diesem Zusammenhang allerdings ein Widerspruch: Häufig verleiht unsere intellektuelle Elite dem Wort Schriftsteller einen derart emphatischen Klang, dass man glauben könnte, jemand, der eine gute Geschichte oder ein hervorragendes Gedicht schreiben kann, habe deshalb auch die Pole Position inne im Rennen um neue soziale und kulturelle Werte. Zugleich besteht diese Elite fast ausnahmslos auf der Feststellung, dass Literatur und Moral, Ästhetik und Ethik zwei strikt zu trennende Sphären seien.

Der Philosoph Zygmunt Baumann nennt die Moderne ein „gigantisches Unternehmen zur Abschaffung individueller Verantwortung". Tatsächlich haben zahllose Wissenschaftler in diesem Jahrhundert bei der Entwicklung von Massenvernichtungswaffen moralische Bedenken kurzerhand beiseitegeschoben. Aber sie waren nicht die Einzigen, die sich von der unbezweifelbaren persönlichen Verantwortung für die eigene Arbeit ab- und einem weltenthobenen Ideal von Fortschritt und Machbarkeit zugewandt haben. Sie folgten vielmehr einer Tendenz, die sich um die Jahrhundertwende in Literatur und Kunst immer deutlicher abzeichnete. Es waren Künstler und Schriftsteller, die als erste darauf bestanden, dass der Wert einer künstlerischen Arbeit ausschließlich nach ästhetischen Kriterien zu beurteilen sei. […] Tatsächlich wird jeder Versuch, Literatur nach moralischen Kriterien zu beurteilen, gewöhnlich einer zutiefst antimodernen Haltung bezichtigt. Gewöhnlich zu Recht. Meist sind es aufgebrachte Stammtischhocker oder die Paladine[1] irgendwelcher Tyrannen, die von Büchern Moral verlangen. Aber diese Stammtischhocker haben genauso an Boden verloren wie die intellektuellen Eliten. Mittlerweile findet der gewöhnliche Kulturkonsument das Unmoralische höchst unterhaltsam. Die Selbstimmunisierung von Wissenschaft, Kunst und Literatur gegen jede Form von moralischen Bedenken war auch beim Publikum höchst erfolgreich.

Doch es gab auch immer die anderen. Schriftsteller etwa, die eine Repolitisierung und Remoralisierung der Literatur forderten, weil sie der Meinung waren, dass die Kommunikation zwischen Schriftstellern und Lesern nicht in einem extraterrestrischen[2] Raum stattfindet, sondern in der Mitte der Gesellschaft mit all ihren politischen, sozialen und moralischen Konflikten. Solche Autoren waren oft eng mit bestimmten politischen Bewegungen verbunden. So eng, dass das Schicksal der jeweiligen Bewegungen auch zu ihrem literarischen Schicksal wurde.

In der ehemaligen DDR beispielsweise gab es Hunderte von Schriftstellern, die mit ihren Büchern die Idee des Kommunismus mehr oder weniger deutlich unterstützten. Nun, nach dem Zusammenbruch des realen Sozialismus, hat der öffentliche Diskurs in einem an Gehirnwäsche erinnernden Prozess die Liste nennenswerter DDR-Autoren auf fünf oder sechs Namen zurückgestutzt. Ist es ein Wunder, wenn Engagement bei Autoren zurzeit nicht gerade hoch in Kurs steht?

[...] In einer liberalen Gesellschaft wäre es letztlich wohl lächerlich, wollte man noch einmal allen Ernstes die Frage stellen, was Literatur soll oder nicht soll. Es ist heute vielmehr eine Frage der Haltung und der Persönlichkeit eines Autors, ob er seine Bücher mit den sozialen oder politischen Diskursen seiner Zeit in Verbindung bringen will.

QUELLE: https://www.welt.de/print-welt/article544380/Die-Schriftsteller-und-die-Moral-Plaedoyer-fuer-eine-neue-engagierte-Literatur.html; (abgerufen am 19.09.2017)

[1] Paladin, der: treuer Gefolgsmann, Anhänger (oft spöttisch)
[2] extraterrestrisch: außerirdisch

Auf dem Weg zur Matura: Die Präsentation und Diskussion Ihrer vorwissenschaftlichen Arbeit

Was gibt es allgemein über die Präsentation der VWA zu sagen?

Ziel Ihrer Präsentation ist es, der Prüfungskommission, bestehend aus Ihrer Betreuungslehrerin bzw. Ihrem Betreuungslehrer, der Direktorin bzw. dem Direktor sowie der Vorsitzenden bzw. dem Vorsitzenden, wichtige inhaltliche Teilbereiche Ihrer selbstverfassten VWA vorzustellen und Ihren persönlichen Zugang zum bearbeiteten Thema darzulegen. So handelt es sich bei Ihrer Präsentation nicht um eine reine Inhaltsangabe. In der anschließenden Diskussion beantworten Sie fachliche Fragen zur Arbeit präzise, klar und verständlich und stellen somit unter Beweis, dass Sie die Arbeit eigenständig verfasst haben.

Wie lange darf Ihre Präsentation dauern?

Für die Präsentation und Diskussion Ihrer VWA stehen insgesamt (ohne technische Vorbereitungszeit) 10 bis 15 Minuten zur Verfügung. Der Präsentations- und Diskussionsteil bilden eine Einheit, doch soll die Diskussion den überwiegenden Teil der Zeit einnehmen. Falls dies nicht der Fall ist, kann die Präsentation von einem Mitglied der Kommission abgebrochen werden, damit zum Diskussionsteil übergegangen werden kann.
Ihre Präsentation wird frei gehalten, es sind maximal Stichwortkärtchen (achten Sie auch hier auf ein passendes Layout, also keine abgegriffenen „Schmierzettel", etc.) erlaubt.
Eventuell freut sich die Kommission auch über ein fehlerfreies, spannendes Handout, passend zu Ihrer VWA-Präsentation.

Checkliste: Worauf müssen Sie bei Ihrer Präsentation achten?

- ✓ Überlegen Sie sich vorab: Was ist der Zweck meiner Präsentation?
- ✓ Achten Sie auf einen logischen Aufbau mit Eröffnung, Hauptteil und Abschluss.
- ✓ Stellen Sie klar dar, worüber Sie sprechen, argumentieren Sie zielgerichtet und beantworten Sie Fragen knapp und präzise.
- ✓ Setzen Sie rhetorische Stilmittel geschickt, aber nicht zu überbordend ein.
- ✓ Sie, also Ihre Person bzw. Ihre Präsentationskompetenzen, stehen hierbei mehr im Mittelpunkt als die Präsentation selbst, deshalb sollten Sie passende, dem Anlass entsprechende, aber auch bequeme Kleidung tragen, die Sie nicht einengt und frei und selbstsicher sprechen lässt.
- ✓ Bei computergestützten Präsentationen (Power Point, Prezi, Open Office Impress, etc.) gilt:
  - Überlegen Sie sich die Gestaltung sowie das Layout Ihrer fehlerfreien Folien. Überladen Sie diese nicht, schreiben Sie max. 7 Punkte in Stichwörtern auf jede Folie (ca. fünf bis sechs Stück)
  - Üben Sie den Umgang mit den Präsentationsmedien: Laptop/PC, Präsentations-Programm, Laserpointer, Zeigestab, Fernbedienung, etc.
- ✓ Sprechen Sie zum Publikum, also zur Kommission, und stellen Sie Augenkontakt her.
- ✓ Achten Sie auf die sprachliche Gestaltung Ihrer Präsentation, verwenden Sie Standardsprache und sprechen Sie frei, eher langsamer, deutlich und laut genug.

Wie läuft die Diskussion ab?

Ihre Prüferin bzw. Ihr Prüfer führt das Gespräch, die anderen Mitglieder der Prüfungskommission können sich aber natürlich ebenso einbringen. Es sollen nur Fragen, die sich auf die schriftliche Arbeit im Hinblick auf die inhaltliche Klärung (Verständnisfragen), die Vertiefung (Vernetzung/Herstellen von Bezügen) sowie die Methodik und die Arbeitsweise beziehen, gestellt werden. Ebenso können Sie nach dem Ablauf des Arbeitsprozesses oder Ihren Beweggründen, sich gerade für dieses eine spezielle Thema zu entscheiden, gefragt werden. Seien Sie auch darauf vorbereitet! Die Diskussion läuft selbstverständlich unter Berücksichtigung der gängigen Gesprächsregeln ab.

Mögliche Einstiege in Ihre VWA-Präsentation

Natürlich ist es möglich, mit den Worten „In meiner heutigen VWA-Präsentation spreche ich über das Thema XY“ zu starten, aber es gibt auch Alternativen.
Sie können zum Beispiel darüber sprechen, wie Sie auf Ihr Thema gekommen sind, was/wer Sie dazu inspiriert hat und warum Ihr Interesse gerade diesem speziellen Gebiet gilt. Ebenso wäre es möglich, eine (kurze!) persönliche Anekdote zur Themenfindung, zum Schreibprozess etc. zu erzählen. Gerne können Sie sich auch originellere Alternativen, die für mehr Aufmerksamkeit sorgen, ausdenken. Überlegen Sie sich, was Ihr Publikum fesseln könnte!

Gutes Gelingen für Ihre eigene VWA-Präsentation!

QUELLEN: https://www.bmb.gv.at/schulen/unterricht/ba/reifepruefung_ahs_vwa_handreichung.pdf?5kh3zi; (abgerufen am: 18.03.2017)
http://www.ahs-vwa.at/mod/data/view.php?d=2&perpage=100&search=&sort=29&order=ASC&advanced=1&f_39=Präsentation+und+Diskussion; (abgerufen am: 18.03.2017)

Themenklammer 1: Medien, Werbung und Marketing

Auf dem Weg zur Matura

1 Verfassen Sie eine **Textanalyse**.

Situation: Sie lesen folgenden Artikel über Medienkompetenz und verfassen dazu eine Textanalyse.

Lesen Sie den Bericht *Medienkompetenz: Online-Werbung verwirrt Kinder und Jugendliche* von Angela Gruber aus der Online-Ausgabe der Süddeutschen Zeitung vom 23. November 2015.

Schreiben Sie nun die Textanalyse und bearbeiten Sie dabei folgende **Arbeitsaufträge**:

- **Geben Sie einen kurzen Überblick über die Kernaussagen des Textes.**
- **Analysieren Sie die Wirkung des Textes auf Erwachsene bzw. Jugendliche hinsichtlich des Umgangs von Jugendlichen mit Medien.**
- **Beurteilen Sie die Objektivität und Glaubwürdigkeit des Berichts.**

Schreiben Sie 405–495 Wörter. Markieren Sie Absätze mittels Leerzeilen.

Textbeilage 1

Online-Werbung verwirrt Kinder und Jugendliche

Von Angela Gruber | 23.11.2015

Kinder und Jugendliche verbringen zwar viel Zeit im Netz. Über die Hintergründe der Online-Inhalte, die sie konsumieren, wissen viele aber nicht Bescheid.

Die Studie kommt aus Großbritannien und wurde von der dortigen Medienaufsichtsbehörde Ofcom durchgeführt.

Die Ergebnisse zeigen: Den „Digital Native", der das Netz kennt, weil er damit aufgewachsen ist, gibt es nicht.

Auch wenn Kinder und Jugendliche das Netz fast rund um die Uhr nutzen: Mit dem Verständnis für das, was im digitalen Raum passiert, ist es bei vielen nicht besonders weit her. Besonders beim Umgang mit Online-Werbung ist der Nachwuchs häufig unkritisch. Das hat eine britische Studie herausgefunden.

Die Studie kommt von der unabhängigen britischen Medienaufsichtsbehörde Ofcom. Die Behörde veröffentlicht seit 2006 wissenschaftliche Studien über die Medienkompetenz und Mediennutzung von Kindern und Jugendlichen. Die Autoren haben im Sommer dieses Jahres über 1000 Interviews mit britischen Eltern-Kind-Gespannen durchgeführt. Die wichtigsten Ergebnisse:

- Nur ein Drittel der Befragten im Alter zwischen zwölf und 15 Jahren konnte beim Benutzen von Google korrekt zwischen einem tatsächlichen Suchergebnis und Werbung unterscheiden. In der Altersgruppe der Acht- bis Elfjährigen war der Anteil noch geringer: Dort kannte nur ein Fünftel den Unterschied.
- Wenn es um Produktwerbung von Youtube-Stars oder anderen Bloggern geht, sind viele Jugendliche schlecht informiert. Nur die Hälfte der Zwölf- bis 15-Jährigen ist sich bewusst, dass durch bezahlte Produktplatzierung in Online-Videos Werbung betrieben wird. Dass Nutzer im Netz personalisierte Werbung angezeigt bekommen, wusste ebenfalls weniger als die Hälfte der Jugendlichen.
- Ein Fünftel der Zwölf- bis 15-Jährigen glaubt, dass Informationen wahr sind, weil Google

sie anzeigt. Nur rund die Hälfte der Jugendlichen hinterfragt den Wahrheitsgehalt der Google-Suchergebnisse. Der Rest achtet bei Suchen nicht auf die Vertrauenswürdigkeit der Seiten. Insgesamt hat die Zahl derer zugenommen, die glauben, dass Informationen aus dem Netz „immer wahr“ sind.

- Facebook verliert an Bedeutung. Auf die Frage, was das wichtigste soziale Netzwerk für sie sei, antworteten nur noch 58 Prozent der Zwölf- bis 15-Jährigen mit Facebook. 2014 waren es 75 Prozent. Snapchat hat seine Beliebtheit deutlich gesteigert. Es wird von elf Prozent der Befragten als wichtigstes Social-Media-Konto angegeben, im Vergleich zu drei Prozent im Vorjahr.
- Tablets legen deutlich an Beliebtheit zu und sind insbesondere für jüngere Kinder im Grundschulalter das meistgenutzte Gerät, um online zu gehen.
- Im Vergleich zu 2005 hat sich die Online-Zeit mehr als verdoppelt. Schon die Acht- bis Elfjährigen sind elf Stunden pro Woche online, bei Teens zwischen zwölf und 15 Jahren sind es 19 Stunden. Internetzugang gibt es jetzt auch immer häufiger direkt im Kinderzimmer.

Fazit: Das Bild vom „Digital Native“ ist irreführend

Die Studie zeigt: Die Vorstellung vom „Digital Native“, dem gewieften Ureinwohner des Internets, ist ein Zerrbild. Obwohl Kinder schon früh Zeit online verbringen, wissen sie dadurch über die Mechanismen großer Internetkonzerne nicht unbedingt mehr als die Alten, die mit dem Netz erst in Berührung kamen, als sie schon den Führerschein hatten.

Wenn Youtube-Stars wie Sami Slimani ihrem deutschen Publikum mal wieder von den heißesten Must-Haves des Monats erzählen, dann lässt sich auf Basis der britischen Studie vermuten, dass viele Slimani-Fans nicht wissen, dass er gerade bezahlte Werbung macht.

Das Internet ist für die Jungen ein natürlicher Lebensraum, in dem sie sich selbstverständlicher bewegen als jede Generation vor ihnen. Sie kennen es nicht anders. Aber die Hoffnung, dass damit automatisch ein Verständnis für die Funktionsweise und Machtstrukturen des digitalen Raums einhergeht, scheint sich nicht zu erfüllen. Ob mit dem Alter die Weisheit kommt, ist allerdings ebenso fraglich. Wie viele Erwachsene den Unterschied zwischen Suchergebnissen und Google-Ads kennen würden, hat die Studie nicht gefragt.

QUELLE: http://www.sueddeutsche.de/digital/medienkompetenz-online-werbung-verwirrt-kinder-und-jugendliche-1.2750348; (abgerufen am 12.09.2017)

Auf dem Weg zur Matura

2 Verfassen Sie einen **Leserbrief**.

Situation: Sie lesen in der Online-Ausgabe des Spiegel-Magazins einen Bericht über Werbung auf Youtube und entschließen sich, Bianca Heinicke einen Leserbrief zu schreiben.

Lesen Sie den Bericht *Werbung auf Youtube: Das Bibi-Business* von Fabian Reinbold aus der Online-Ausgabe des Spiegel-Magazins vom 09. Dezember 2015.

Schreiben Sie nun den Leserbrief und bearbeiten Sie dabei folgende Arbeitsaufträge:

- **Äußern Sie unter Bezugnahme auf den Text Ihre Meinung zu Werbestrategien, die auf Jugendliche abzielen.**
- **Zeigen Sie mögliche Risiken und Probleme auf und beschreiben Sie wie weitreichend der Einfluss solcher Werbestrategien ist.**
- **Appellieren Sie an Bibi und andere Influencer verantwortungsvoll zu handeln.**

Schreiben Sie 270–330 Wörter. Markieren Sie Absätze mittels Leerzeilen.

Textbeilage 2

Werbung auf YouTube: Das Bibi-Business

Von Fabian Reinbold | 09.12.2015

Die Jugend sieht YouTube statt fern. Jetzt berauschen sich Firmen und Werber daran, wie sie Kinder und Jugendliche über die Stars der Videoplattform erreichen. Was dabei alles möglich ist, zeigen YouTuberin Bibi und ihre Millionen Fans.

Es gibt neuerdings eine einfache Antwort auf schwierige Fragen: Wie macht man den angestaubten Gratis-Neckermann-Katalog so *fresh*, dass Teenies fragen, wo sie ihn kaufen können? Wie bringt man Mädchen dazu, für einen Duschschaum mit Donut-Duft den Drogeriemarkt zu stürmen?

Die Antwort lautet: YouTube. Genauer: Bibi. YouTuberin Bibi ist der Prototyp für den letzten Schrei in der Werbebranche, das sogenannte Influencer-Marketing. Influencer sind in diesem Kontext Menschen, die übers Netz direkt eine treue Fangemeinde für dies und jenes begeistern können. Bibi und andere YouTube-Stars erreichen eine Zielgruppe, die nicht mehr fernsieht, keine Zeitung liest, also auf den klassischen Werbekanälen nicht erreicht wird. Junge Leute, grob gesagt: von 12 bis 20 Jahren.

Auf einer Konferenz in Berlin konnte man jetzt beobachten, was in dieser neuen Beziehung alles möglich ist und wohin die Reise beim Marketing für Kinder und Jugendliche geht: nämlich a) zu YouTube, b) auch ein bisschen zu Instagram, c) auf jeden Fall zu den *digital influencers*. Sie sollen der Jugend Wünsche nahezu organisch einpflanzen, und sie wollen das auch.

Supersympathisch, total authentisch

Denn: Influencer sind supersympathisch, total authentisch und deshalb tolle Werbefiguren. Sie werben nur für Produkte, hinter denen sie „hundertprozentig stehen", wie sie selbst oft betonen. Wie groß ihr Einfluss auf ihre jungen Fans und deren Kaufentscheidungen ist, war bei diesem Treffen von YouTubern, die Geld verdienen wollen, und Werbebranche, die Reichweite sucht, zu beobachten.

Als Stargast holte man die 22-jährige Bianca Heinicke, also Bibi, die mit dem schlichten Zusatz „2,5 Millionen Abonnenten auf YouTube" angekündigt wurde. Die hat sie in ihrem Kanal BibisBeautyPalace versammelt, wo sie Schminktipps gibt, Einkäufe präsentiert, mit ihrem Freund herumalbert. In Berlin zeigte Bibi, was alles geht, und die versammelten Firmen und Werber berauschten sich an den neuen Reichweiten.

Das sah man beim Auftritt eines Social-Media-Managers von Neckermann-Reisen. Das Problem: Der Neckermann-Kunde ist im Durchschnitt 51 Jahre alt. Die Lösung: Bibi.

Die Firma schickte Bibi und ihren Freund erst nach Berlin und in die Türkei, später auf die Malediven und nach Bulgarien, immer in Neckermann-Anlagen. Bibis zugehörige Follow-me-around-Videos brachten dann 8,3 Millionen Abrufe. „Wirklich gigantisch", sagte Martin Widenka von Neckermann dazu.

Auf die Frage, ob das alles auch nachhaltig ist, sagte er: Wer heute auf YouTube „Malediven" sucht, bekommt als ersten Treffer immer noch Bibis „Traumurlaub Maleviden"-Clip vom Januar angezeigt.

Man habe Bibi daraufhin „in die Klassik geshiftet", sie also auch im leicht angestaubten Neckermann-Katalog abgedruckt. Bibi postete dann ein Foto von sich im Bikini und mit dem Hinweis, dass sie nun im Katalog zu finden sei. Widenka las vor: 6000 Favoriten auf Twitter („schafft sonst nur die Russenmafia"), 58.000 Likes auf Facebook und 100.000 auf Instagram.

Klicks, Views, Follower

Dann zeigte Widenka den Tweet eines jungen Fans, der den Gratiskatalog suchte und fragte, wo man denn das Magazin mit seinem Star kaufen könne. Es wurde gelacht.

Die ganzen Modelle gehen nur auf, weil die Influencer ihre sehr jungen Fans eben sehr stark beeinflussen. Bibis treueste Anhänger nennen sich „bibinators". Dass die nicht immer mündig sind, war kein großes Thema beim Influencer Marketing. Stattdessen: Reichweitenrausch.

Der Bibi-Neckermann-Deal soll stilbildend wirken. Unternehmen würden dann nicht länger nur wollen, dass Produkte in die Kamera gehalten werden, sondern die Influencer auch einfach mal machen lassen. Die hätten die Regeln von YouTube und der Schleichwerbung längst so verinnerlicht, dass das Ergebnis dann schon gut werde.

Der WWF ließ bereits den einzigen YouTube-Star mit Dreadlocks, Simon Unge, mit Flussdelfinen im Amazonas baden. Die Folge: abgestürzte Server bei den Umweltschützern, 3,5 Millionen Abrufe der sieben Videos, Tausende neue Follower, die auch geblieben sind, als Unge wieder im kalten Deutschland saß.

Mit den Klicks, Views, Followern geht man hausieren. Ansonsten sind Zahlen das größte Geheimnis dieser neuen Teenager-Marketingindustrie. Die YouTuber selbst beantworten keine noch so vorsichtige Frage zu ihren Einnahmen, die Unternehmen sagen natürlich auch nichts.

Die Influencer werden umschmeichelt

Die vagen Erfolgsaussichten, auch etwas wie Bibi zu schaffen, lockten zumindest zahlreiche Nachwuchs-YouTuber und -Instagrammer auf das Marketingtreffen in Berlin, wo sie sich die Umschmeichelung als Influencer sogleich zu eigen machten. Sie sagten Sätze wie: „Ich als Influencer will nur ein Produkt, was zu mir passt."

Sie sagten oft, wie wichtig es sei, authentisch und ehrlich zu sein. Nur so funktioniere Werbung für sie. Es gab Workshops, etwa zur Vermeidung rechtlicher Probleme wegen Schleichwerbung.

Erfolg winkt aber nur jenen, die wirklich sehr große Fanscharen in Bewegung setzen. Die Organisatoren der Konferenz von der Agentur Brandpunkt schätzen die Zahl der deutschen YouTuber, die das können, auf kaum mehr als 20. Die Agentur will sie mit Firmen zusammenbringen.

Auch hier gibt Bibi den Weg vor. Sie hat jetzt einen eigenen Duschschaum in den Duftrichtungen „Tasty Donut" und „Creamy Mandarin" herausgebracht. Wenn sie in einem Video vom neuen Produkt schwärmt, wie viel es ihr bedeute, erntet sie auch Fan-Kommentare wie diesen.

„Ich werde dein Produkt überall teilen & weiterempfehlen, ich würde für dich alles tun, DU bist mein großes Vorbild! :)"

Bei ihr geht das Influencer-Marketing also auf. „Bibi hebt Drogeriemarke dm aus den Angeln" titelte dazu etwa das Marketingblatt Absatzwirtschaft. Deutschlands zweitbeliebtester weiblicher YouTube-Star, Dagi Bee, zieht nun mit eigenen Produkten nach, will zwei Bodysprays herausbringen. Bibi teilt mit, in der Causa Duschschaum sei sie mitten „in der Planung für neue Gerüche".

QUELLE: http://www.spiegel.de/netzwelt/web/youtube-star-bibi-wirbt-junge-menschen-das-neue-werbe-business-a-1066678.html; (abgerufen am 12.09.2017)

Themenklammer 2: Politisches Engagement

Auf dem Weg zur Matura

Thema: Politisches Engagement

1 Verfassen Sie einen **Leserbrief.**

Situation: Sie lesen im österreichischen Wochenmagazin *profil* eine Reportage über youTube-Blogger und entschließen sich, einen Leserbrief dazu zu verfassen.

Lesen Sie die Reportage *LeFloid und Co: Wie YouTuber und Blogger ihre Fans beeinflussen* von Salomea Krobath aus der Online-Ausgabe des Wochenmagazins profil vom 17. September 2015.

Schreiben Sie nun den Leserbrief und bearbeiten Sie dabei folgende **Arbeitsaufträge**:

- **Nennen Sie die für Ihren Leserbrief entscheidenden Informationen aus der Textbeilage.**
- **Vergleichen Sie die in der Textbeilage genannten Wege der Informationsbeschaffung mit Ihren eigenen.**
- **Beurteilen Sie das politische Engagement auf und mithilfe von Plattformen wie YouTube.**

Schreiben Sie 270–330 Wörter. Markieren Sie Absätze mittels Leerzeilen.

Textbeilage 1

LeFloid und Co: Wie YouTuber und Blogger ihre Fans beeinflussen

Von Salomea Krobath | 17.09.2015

VON WEGEN UNPOLITISCH Infotainmentclips und Nachrichtenkommentare sind ein beliebtes Format auf YouTube – vorausgesetzt, sie haben humoristischen Charakter.

Nicht alle YouTuber haben sich dem reinen Entertainment verschrieben. Laut einer Artworx-Studie suchen 65 Prozent der Österreicher auf YouTube und Blogs nach wissenserweiternden Informationen – und so boomt die Form des Infotainment. Star der neuen Bildungsgattung ist in Deutschland der 27-jährige LeFloid, alias Florian Mundt. Mit beinahe drei Millionen Abonnenten ist er der erfolgreichste YouTuber des Landes und dank grenzübergreifender Funktion des Internets auch hierzulande bestens bekannt. In den wöchentlich erscheinenden Clips „LeNews“ kommentiert er das Weltgeschehen zielgruppenorientiert mit derbem Slang und Spezialeffekten wie Zeichentrick-Dinosauriern, trashigen Sounds und schnellen „Jump-Cuts“. Die von ihm erreichte Masse soll beweisen: Die Jugend ist keineswegs politikverdrossen.

Ein wenig ernster nimmt Mirko Drotschmann seinen Auftrag, der bei seinen 220.000 Abonnenten besser bekannt ist als Mr.Wissen2go. Dass gerade der Platz, an dem rechtsradikales Gedankengut und Verschwörungstheorien blühen, zum Hauptaufenthaltsort seiner Generation geworden ist, bereitet ihm Sorgen. Daher ist es sein erklärtes Ziel, diese fundiert zu informieren. Zu diesem Zweck versammelte er kürzlich über 30 bekannte Videoblogger unter dem Hashtag #YouGeHa – YouTuber gegen Hass.

Begonnen hat Drotschmann vor drei Jahren mit Nachhilfevideos, inzwischen versorgt er seine Fangemeinde in seinen „News2go“ mit politischem und wirtschaftlichem Hintergrundwissen. Der 29-jährige deutsche ARD- und ZDF-Journalist eröffnet seinen Videoblog mit einer Nachricht an jugendliche Zuseher: „Ihr seid schlecht in Geschichte? Von Politik habt ihr keine Ahnung? Und was in der Zeitung steht, habt ihr noch nie verstanden? Macht nichts, dafür habt ihr jetzt ja mich."

YouTube, so Drotschmann, schließe eine Lücke, die das reguläre Fernsehen nicht bedient: „Die Fernsehbeiträge für Teenies sind meist reines Entertainment. Für Informationen gibt es bei uns nur die Kindernachrichten mit einer Zielgruppe bis zu zwölf Jahren und dann die normale Tagesschau." Erwachsenen-Nachrichten aber setzten viel Wissen voraus: „Was ist los in Syrien und wie kam es eigentlich zur Griechenlandkrise? Solche Inhalte möchte ich leicht verständlich und mit Biss vermitteln", erklärt Drotschmann. Auf sein Bestreben hin eröffneten die Fernsehsender ZDF und ARD (Durchschnittsalter der Zuseher: 60 Jahre) einen eigenen, zielgruppengerechten YouTube-Kanal.

Der Großeintritt in die Öffentlichkeit erfolgte jedoch spätestens, als Angela Merkel auf das von der Politik ungenutzte YouTube-Potenzial aufmerksam wurde. Um bei den rund acht Millionen als weitgehend politisch unerreichbar geltenden 15- bis 24-Jährigen in ihrem Land anzudocken, trug die deutsche Kanzlerin dem YouTuber LeFloid im Juli dieses Jahres an, sie zu interviewen. Mit bescheidenem Erfolg für den jungen Mann – er erntete für seine sanfte Vorgehensweise massenhaft Kritik –, aber stolzem Ergebnis für die Kanzlerin: Bislang sahen sich vier Millionen Menschen das Interview im Internet an. Damit scheint die Berührungsangst zwischen Politik und YouTube gebrochen. Ende September startet nun ein Projekt der deutschen Bundeszentrale für politische Bildung: junge YouTube-Größen, darunter MrWissen2go und Le Floid, nutzen ihre Internetpräsenz, um der wachsenden IS-Propaganda im Netz entgegenzutreten.

Auch Ben Bode hat sich der Allgemeinbildung seiner Zuseher verschrieben. Seinen Informationskanal „So und So gesehen" hat der studierte Philosoph aus einem gefühlten Bildungsauftrag begonnen: „Junge Menschen informieren sich fast ausschließlich über YouTube; da ist es wichtig, einen Gegenpol zu den hetzerischen Verschwörungstheorie-Programmen zu setzen. Wir erreichen damit Leute, die sonst von niemandem mehr erreicht werden."

Der 28-jährige Kölner möchte der nächsten Generation das Bewusstsein mitgeben, dass es „immer mehr Facetten gibt als Schwarz und Weiß und dass es auch okay ist, nicht immer eindeutige Antworten zu haben. Demut vor der Komplexität macht immun gegen allzu einfache Wahrheiten."

YouTube ist keineswegs ein leichtes Format für Wissensvermittlung. Allzu ernsthafte und journalistische Beiträge stoßen auf Desinteresse, bemerkte Drotschmann: „Es besteht die Gefahr, dass wir immer amerikanisierter in der Berichterstattung werden – lauter, bunter, schriller und dabei persönliche Meinung kaum von objektiven Fakten trennen." Werden die Videos zu lange und somit nicht zu Ende angesehen, kehrt sie der gnadenlose Google-Algorithmus unter den Teppich. Die Konsequenz: Selbst komplexe Themen müssen auf die Maximalaufmerksamkeitsspanne von drei bis sechs Minuten heruntergebrochen werden.

Erschwerend käme der „extreme Personenkult" auf YouTube hinzu. „LeFloid kann erzählen, was er will, seine Fans feiern das ab", weiß Bode. „Welch unglaublichen Einfluss die Blogger dabei auf die sehr junge Zielgruppe haben, ist vielen vielleicht nicht ganz klar."

So kann der Schuss schon mal nach hinten losgehen, wenn berühmte YouTuber beschließen, politisch zu werden – etwa 2014, als der damals 20-jährige „Dner", der seine 1,5 Millionen Fans hauptberuflich mit Computerspielen unterhält, unvermutet tönte, die rechtsradikale Partei AfD wählen zu wollen. Oder der 18-jährige YouTuber „Clemens Alive", der vor einiger Zeit der Idee, dass die Gleichschaltung der Medien existiert, und diese nun unter seinem Publikum propagiert.

In den meisten Fällen fungiert die Plattform als Korrektiv: Einer verbalen Entgleisung eines Bloggers im Zusammenhang mit dem deutschen Bahnstreik – er hatte gemeint, er würde die Bahnfahrer gerne nach Auschwitz fahren – wurde intensiv auf YouTube entgegengehalten und das Thema von anderen Videobloggern aufgenommen. „Doch je stärker die Öffentlichkeit von

YouTube zunimmt, desto mehr entsteht Bewusstsein für das, was hier ausgelöst werden kann", meint Ben Bode. „Auf kurz oder lang müssen Strukturen geschaffen werden, die ein Einschreiten erlauben. Im Moment geht es hier wie im Wilden Westen zu."

QUELLE: https://www.profil.at/portfolio/wie-youtuber-blogger-ihre-fans-beeinflussen-5859386; (abgerufen am 02.10.2017)

Infobox:

Jump-Cut: Filmschnitt, der als Unterbrechung wahrgenommen wird und die Anschlussregel (logische Folge) im Film bricht bzw. zu brechen scheint; Ziel ist die erhöhte Aufmerksamkeit des Publikums

Auf dem Weg zur Matura

Thema: Politisches Engagement

2 Verfassen Sie eine **Meinungsrede**.

Situation: Anlässlich einer bevorstehenden Wahl organisiert Ihre Schule einen Redewettbewerb zum Thema *Jugend und Politik – Jugend oder Politik?* Sie nehmen mit einer Rede teil, die sich mit dem politischen Engagement von Jugendlichen auseinandersetzt. Ihr Publikum setzt sich aus Mitschülerinnen und Mitschülern, Lehrerinnen und Lehrern sowie Eltern zusammen.

Lesen Sie die Reportage *Engagement ja, Partei nein* von Peter Maxwill und Miriam Olbrisch aus der Online-Ausgabe des deutschen Wochenmagazins DER SPIEGEL vom 29. Mai 2016.

Schreiben Sie nun die Meinungsrede und bearbeiten Sie dabei folgende **Arbeitsaufträge**:

- **Beschreiben Sie, aus welchen Gründen laut der Textbeilage unter jungen Menschen das Interesse an Wahlen sinkt.**
- **Erläutern Sie in diesem Zusammenhang das Verständnis von politischem Engagement.**
- **Nehmen Sie dazu Stellung, ob bzw. in welcher Form Sie politisches Engagement für wichtig halten.**
- **Appellieren Sie im Sinne Ihrer Argumentation an Ihr Publikum.**

Schreiben Sie 540–660 Wörter. Markieren Sie Absätze mittels Leerzeilen.

Textbeilage 2

Engagement ja, Partei nein

Von Peter Maxwill und Miriam Olbrisch | 29.05.2016

Studenten interessieren sich nicht mehr für Politik, klagen Wissenschaftler und Minister. Dabei ist der Nachwuchs so politisch wie lange nicht mehr.

Ist ja typisch. Diese jungen Leute mal wieder. Interessieren sich für vieles, aber was im Bundestag verhandelt wird, ist ihnen schnurz. Saskia Benter etwa, 22 Jahre alt, findet die Debatten, die dort ausgetragen werden, viel zu akademisch und abgehoben. Hält Blogger für einflussreich, aber Politiker für weltfremd. Geht zwar zur Wahl, kann sich aber nur schwer entscheiden, wo sie ihr Kreuzchen machen soll.

Erschreckend, wie Saskia Benter und andere junge Menschen mit Abitur so ticken, denken zahlreiche Wissenschaftler und auch führende Politiker. Zum Beispiel Bildungsministerin Johanna Wanka.

Das große Desinteresse Studierender und anderer junger Menschen an Politik sei besorgniserregend, sagte die CDU-Frau in einem Gespräch mit dem UniSPIEGEL. Wanka und andere Kritiker stützen sich dabei in erster Linie auf den sogenannten Studierendensurvey, eine groß angelegte Umfrage, die das Bundesbildungsministerium alle zwei Jahre unter Studierenden durchführt. Darin gaben 2015 zwei Drittel der Befragten an, sie interessierten sich wenig bis gar nicht für Politik.

Dazu passt, dass immer weniger junge Menschen einer Partei beitreten. Hatte die Junge Union, also der Nachwuchs der CDU, im Jahr 2000 noch rund 135.000 Mitglieder, waren es zwölf Jahre später etwa 15.000 weniger. Die Jusos, die Jugendorganisation der SPD, kommen aktuell nur auf circa 70.000 Mitglieder, Ende der Siebzigerjahre waren es knapp fünfmal so viele.

Auch Saskia Benter kann sich nicht vorstellen, ihre kostbare Zeit in den Dienst irgendeiner Partei zu stellen, allein beim Gedanken drehe sich ihr „der Magen um“, sagt sie. Und dennoch: Die junge Frau, die auf den ersten Blick genau in Wankas Raster passt, bezeichnet sich als hochpolitisch. Allerdings versteht sie darunter etwas ganz anderes als die Bundesbildungsministerin und all die Anzugträger, die in Berlin und in den deutschen Landeshauptstädten Politik machen.

Es kommt eben darauf an, wie man politisches Interesse definiert

Die Shell-Jugendstudie etwa, die seit den Fünfzigerjahren regelmäßig die jeweils 15- bis 24-Jährigen analysiert, kommt nach zahlreichen qualitativen Interviews zu einem völlig anderen Schluss als der Studierendensurvey, auf den sich Wanka und Co. berufen: Das politische Interesse der jungen Menschen sei nicht gesunken, sondern gestiegen, behaupten die Macher der Shell-Studie.

Das ist nur scheinbar ein Widerspruch zu den Ergebnissen jener Untersuchung, von der Wanka und andere ausgehen. Denn der Studierendensurvey versteht unter politischem Interesse zuallererst die Begeisterung für die Debatten im Bundestag oder die Inhalte von Parteien – und nicht den schlichten Versuch, Gesellschaft mitzugestalten. Ein Ziel, das auch Saskia Benter hat. Statt über die großen Linien des Weltgeschehens zu philosophieren, möchte die junge Frau anpacken. Dort, wo sie den Ertrag ihres Einsatzes unmittelbar sehen kann. „Allein kann man viel mehr bewegen als mit einem störenden Apparat im Hintergrund.“ Und etwas bewegen, das tut sie. Benter reiste für den ehrenamtlichen Verein Clowns ohne Grenzen, der Kindern in Krisengebieten Lebensfreude schenken will, durch Israel und die Palästinensergebiete und arbeitete ein ganzes Jahr lang für das Frauenrechtszentrum Frieda. Aktuell organisiert sie in Berlin Sprachtandems für Flüchtlinge aus Syrien, die Deutsch lernen möchten.

[…] Junge Menschen, das zeigten Erhebungen immer wieder, seien sehr solidarisch, allerdings vor allem bei konkreter Bedürftigkeit, sagt Bargel, der zum Thema „Jugend und Politik“ forscht. Viele der Freiwilligen, die Kleider sortierten, Sprachunterricht gaben und Asylbewerber zu den Behörden begleiteten, waren tatsächlich Studenten. Fiona Schönbohm gehörte zu den Ersten, die mithalfen. Als Ende 2013 Hunderte Flüchtlinge im Mittelmeer vor Lampedusa ertranken, beschäftigte sich die Jurastudentin in ihren Vorlesungen gerade mit dem Thema Völkerrecht. „Ich wollte unbedingt helfen“, sagt die 24-Jährige. Sie gründete daher zusammen mit einer Kommilitonin die „Refugee Law Clinic“, die Asylbewerbern kostenlose Rechtsberatung anbietet.

Allein im vergangenen Jahr bildeten Schönbohm und ihre Kollegen 30 Studenten zu ehrenamtlichen Rechtsberatern aus. Mehrmals pro Woche helfen sie nun beim Ausfüllen von Anträgen und geben Tipps bei Konflikten mit den Ämtern. Natürlich sei das auch eine Art von politischem Engagement, sagt Schönbohm. Von der klassischen Politik hält auch sie lieber Abstand. Sie wolle sich eben nicht als Parteimitglied engagieren, sondern als Mensch.

Diese Parteien-Aversion sei ja schön und gut, gibt Soziologe Bargel zu bedenken. Sie berge allerdings eine Gefahr: Beliebigkeit. „Junge Menschen entwickeln zu vielen gesellschaftlichen Themen schnell eine Meinung – verwerfen diese aber genauso schnell wieder, wenn jemand sie vom Gegenteil überzeugt.“ Kein Wunder, dass es da schwerfällt, sich für das Programm einer einzelnen Partei zu begeistern. Wobei das nicht unbedingt schlecht sein müsse: „Es führt auch dazu, dass junge Menschen weniger ideologisch sind“, sagt Bargel. Die alten Feindbilder, die strengen Lagergrenzen zwischen links und rechts hätten ausgedient – und deswegen auch das Interesse, an Wahlen teilzunehmen. [...]

QUELLE: http://www.spiegel.de/lebenundlernen/job/studenten-interessieren-sich-fuer-politik-aber-nicht-fuer-parteien-a-1094493.html; (abgerufen am 02.10.2017)

Infobox:

CDU: Christdemokratische Union; politische Partei in Deutschland
SPD: Sozialdemokratische Partei Deutschlands
Sprachtandem: kostenfreier Sprachaustausch; meistens unterhalten sich zwei Personen, die die Sprache des jeweils anderen lernen möchten
Lampedusa: italienische Insel im Mittelmeer zwischen Tunesien und Sizilien, 4500 Einwohner; hier stranden oft Flüchtende aus Afrika
Kommilitonin: Mitstudierende
Aversion: Abneigung

Themenklammer 3: Sprache, Umgang mit Sprache/Sprache und Medien

Auf dem Weg zur Matura

Thema: Mit dem Laptop in der Hängematte – Digitale Nomaden/Nomadinnen arbeiten von nahezu überall aus

1 Verfassen Sie einen **Kommentar**.

Situation: Im Rahmen der Berufsplanungstage an Ihrer Schule sollen Sie sich mit der Möglichkeit, ortsungebunden zu arbeiten, auseinandersetzen.

Lesen Sie dazu die nachfolgenden Artikel *Digitale Nomaden: Sie nennen es Arbeit* aus der deutschen Wochenzeitschrift DIE ZEIT und den Artikel *Reif für die Arbeit* aus dem Stern NEON-Magazin, verfassen Sie dann einen Kommentar und bearbeiten dabei folgende Arbeitsaufträge:

- Fassen Sie die wichtigsten inhaltlichen Aspekte beider Artikel kurz zusammen.
- Legen Sie Ihre Meinung zum Digitalen Nomadentum bzw. zu dieser Arbeits- und Lebensweise generell dar. Beziehen Sie sich auch auf die Aussagen aus den Texten, die moderne Zivilisation feiere das nomadische Leben als neuen, visionären Lebensstil und „digital nomads“ seien einfach smarte Checker/innen, die begriffen hätten, wie das gute Leben gehe.
- Appellieren Sie an Ihre Leserinnen und Leser, sich Ihrer Meinung anzuschließen.

Schreiben Sie zwischen 405 und 495 Wörter. Markieren Sie Absätze mittels Leerzeilen.

Textbeilage 1

Reif für die Arbeit

Von Paula Scheidt | 09.01.2017

Die digitalen Nomaden arbeiten in einer Kulisse, die andere als Bildschirmschoner benutzen. Bali ist jetzt die lebendigste Spielwiese für neue Lebensentwürfe
Programmierer, Autoren, Designer – fast alle folgen einem Dresscode: kurze Hosen und Flip-Flops. Wer von seinem Büroplatz in Berlin, Zürich oder New York aus dem Fenster blickt, sieht oft vor allem: Beton. Auf Bali ist das anders.

Die Morgen sind ruhig auf Bali, weil die Menschen im Westen dann schlafen. Keine Videokonferenzen, keine Anrufe. In der Hängematte liegt der philippinisch-kanadische Maler und streichelt sein Smartphone, im Pool treibt in einem riesigen gelben Schwimmring die holländische Illustratorin, die zurzeit ein Kinderbuch zeichnet, meist nachts, weil sie dann die besseren Einfälle hat. Es ist ein Montag im März, sechs Stunden Zeitverschiebung nach Berlin, zwölf nach New York, 15 nach San Francisco. „Der Traum jedes Prokrastinierers“, sagt Benjamin Gleitzman, ein 29-jähriger Softwareentwickler, den Laptop auf dem Schoß, die Füße im Pool, „wir leben in der Zukunft!“ Er hat drei Firmen im Silicon Valley gegründet, musste aber die Erfahrung machen, dass die Dollarmillionen der Investoren gute Ideen ruinieren. Deshalb versucht er nun, das Prinzip des Mäzenatentums in der Tech-Branche zu etablieren: Wertschöpfung ohne Renditedruck.

Die Infrastruktur für moderne Nomaden

Im Schatten sitzt die Social-Media-Expertin Terri Witherden, eine blonde Britin, 26 Jahre alt, erst vor zwei Tagen auf der Insel gelandet. Ein bisschen blass noch, aber gut gelaunt. Wie alle hier trägt sie Shorts und Flipflops. Es ist die Uniform der digitalen Nomaden. Sie haben den Büroalltag westlicher Großstädte abgestreift wie die Lederschuhe, Hemden und Anzughosen, die sie in ihrem früheren Leben trugen.

Das Hauptquartier der neuen Lebensform ist ein ehemaliges Hotel und heißt Roam. Wie „umherschweifen". Oder auch wie „immer online". Zwei Österreicher und ein Amerikaner haben die Immobilie in der Kleinstadt Ubud vor drei Monaten angemietet, 24 Zimmer, zwei Stockwerke, viel Stein und Holz, der Entwurf eines Berliner Architekten. Zum Hotel hatte das Gebäude nicht getaugt, zu hohe Kosten für zu wenige Zimmer. Als temporäres Zuhause für Menschen, deren Büro in ein Notebook passt, eignet es sich bestens: ein Innenhof mit Pool und offener Gemeinschaftsküche, drei Dachterrassen, jede so groß wie ein Tennisplatz.

Anfang Mai haben die Roam-Erfinder die erste Dependance in Miami eröffnet, die nächsten sollen in Madrid, Buenos Aires und London folgen, dann an weiteren Orten. Für 1800 Dollar pro Monat bekommt man ein Bett und schnelles WLAN überall auf der Welt. Ziel ist, die Infrastruktur für ein modernes Nomadendasein zu schaffen. Coliving ist die Steigerung des Coworking-Trends – nicht nur ein allen offenes, flexibles Büro zu teilen, sondern dort auch zu wohnen.

In der offenen Küche neben dem Pool schnippeln die Britin Terri und ein kanadischer Grafikdesigner Zwiebeln, Auberginen, Feta und Tomaten, sie wollen Omeletts braten. Erst heute Morgen haben die balinesischen Angestellten die Arbeitsflächen und den Herd mit einem hinduistischen Ritual eingeweiht: Sie haben aus Kokosblättern geflochtene Blütenkörbchen mit Räucherstäbchen aufgestellt und einen Segen gesprochen. Die meisten Bewohner haben schon lang nicht mehr selbst gekocht. Der Anreiz schwindet, wenn man zwischen so vielen Restaurants wählen kann, wo Müsli mit Cashewnussmilch, Frühlingsrollen aus Papaya-Mango-Reisblättern, Blaubeer-Smoothies, Sushi oder vegane Burger kaum etwas kosten. Der Superfood-Trend dominiert die Speisekarten, keiner missioniert, aber Fleisch ist doch eher out.

„Bald wird es sowieso keine Küchen mehr geben", sagt Georgio Giorgiev, ein 27-jähriger Bulgare, der sein Geld mit E-Commerce und Anzeigendeals mit Google verdient. Einen Motorradhelm unter dem Arm lehnt er an der Treppe, das schulterlange Haar hinter die Ohren geklemmt. Nach drei Jahren auf der Insel spricht er einigermaßen Balinesisch. „Oder kennst du etwa jemanden in New York City, der noch selbst kocht? Dort gibt es kaum noch Supermärkte. Wozu auch, wenn Restaurants individualisiertes Essen anbieten?" Während das Kokosöl in der Pfanne heiß wird, springt Terri kurz in den Pool. Eine junge Frau mit dunklen Locken und Einkaufstaschen in beiden Händen kommt die Treppe herunter und begrüßt überschwänglich einen nach dem anderen. Als sozialer Treffpunkt funktioniert die Küche auch hier. Der kanadische Grafikdesigner hebt warnend die Arme: „Willst du mich wirklich umarmen? Ich bin total verschwitzt!"

Nie wieder „Mahlzeit"! Ihre Pausen verbringen die digitalen Nomaden nicht in der Kantine, sondern in der Hängematte – oder mit Surfbrett am Strand

Digitale Nomaden können ortsungebunden leben, weil sie überwiegend am Computer arbeiten. Sie folgen einer Philosophie, die ihren Ursprung in der Technologiebranche hat. In den Sechziger- und Siebzigerjahren hat Herbert Marshall Mcluhan, der damals einflussreichste Kommunikationstheoretiker, das Bild der neuen Nomaden gezeichnet, in den Neunzigerjahren waren Tsugio Makimoto und David Manners die Ersten, die ein Buch über die Digital Nomads schrieben.

Heute weiß keiner mehr über die digitalen Nomaden als die digitalen Nomaden selbst. Ihr Leben ist ein Selbstversuch, und den werten sie wissenschaftlich aus. Einige haben Bücher geschrieben, andere veröffentlichen Texte auf medium.com.

Eine Koryphäe in der Szene ist der 29-jährige

Holländer Pieter Levels. Er betreibt das Nomadenhandbuch nomadlist.com und hält Vorträge über den Wandel des Arbeitslebens: Anfang der Nullerjahre haben in den USA nur 15 Prozent der Berufstätigen freiberuflich gearbeitet, heute sind es 30 Prozent. Schätzungen zufolge werden es in 20 Jahren über 50 Prozent im Westen sein – jeder zweite Mensch in der westlichen Welt wird dann keine feste Stelle mehr haben. Pieter Levels Prognose: Jeder dritte Freiberufler könnte im Jahr 2035 ein digitaler Nomade sein, nicht nur Menschen aus dem Westen, sondern auch aus Entwicklungs- und Schwellenländern. Insgesamt eine Milliarde Menschen. Die Nomaden von Bali sind ihnen voraus. Sie sourcen sich schon heute selbst aus.

Manche Roam-Bewohner sind noch im Modus des sehr langen Auslandsaufenthalts, wie die Britin Terri, andere haben schon seit Jahren kein Zuhause mehr, wie der Bulgare Georgio. Als er vor acht Jahren die Schule verließ und den Entschluss fasste, um die Welt zu ziehen, schlief er erst mal einen Winter lang in New York bei Freunden auf einer Luftmatratze. „Heute mag das glamourös klingen", sagt er, „aber ich war borderline obdachlos." In Costa Rica hat er eine Vermittlungsagentur für Sprachschulen gegründet, in Schweden ein Studium in Unternehmertum absolviert und in London für Techstars gearbeitet, den wichtigsten Beschleuniger für Unternehmensgründungen. In Costa Rica war der Kontakt zu den Einheimischen besser und der Zeitunterschied zu den Vereinigten Staaten geringer, aber die Infrastruktur auf Bali ist unschlagbar: wahnsinnig günstig, kaum Kriminalität, kurze Wege (auch zum Strand) und das Internet schneller als überall sonst.

Blasse Haut im Sommerparadies

Wenn diese Insel einen Nachteil hat, dann den, dass Georgio, der eine Firma mit mehreren Angestellten leitet, sich ständig rechtfertigen muss. Die Menschen im Westen können sich nämlich nicht vorstellen, dass im Ferienparadies Bali irgendjemand ernsthaft arbeitet. „Meine Eltern denken noch immer: Erfolgreiche Menschen leben in London oder New York", sagt er. Dabei arbeite er auf Bali fokussierter als in einem verglasten Büro einer abendländischen Metropole. Schwer zu sagen, wie viele Westler sich mit Notebook auf Bali aufhalten, einige Tausend dürften es schon sein. Seit drei Jahren schießen sogenannte Coworking Spaces aus dem Boden wie Reispflanzen in der Regenzeit. Der erste war Hubud – Hub in Ubud. Mehrere Hundert Mitglieder, Skype-Kabinen, klimatisierte Sitzungsräume, Schreibtische unterm Ventilator mit Blick auf Bananenpalmen. Am Eingang stapeln sich die Flipflops, drinnen sind alle barfuß. Manchmal klettert ein Äffchen aus dem angrenzenden Wald über die Mauer. Junge Frauen und Männer auf Sitzsäcken und in Hängematten gestikulieren in ihr Smartphone. Der kalifornische Programmierer aus dem Roam hat sich Hubud mal angeschaut und war ein bisschen schockiert, dass die Menschen hier noch ernsthafter arbeiten. Alle versunken in ihre Bildschirme, Unterhaltungen nur im Flüsterton. Trotz 33 Grad im Schatten sind manche so blass, als seien sie lange nicht mehr an der Sonne gewesen.

Social Cooking statt Social Media: Die Roam-Bewohner bereiten gemeinsam den Lunch zu

Was früher das Homeoffice war, heißt heute remote. Nicht nur Freelancer, sondern auch immer mehr Angestellte sitzen nicht mehr in einem Firmengebäude, sondern arbeiten aus der Ferne: Beim Medienunternehmen Buzzfeed sind es 50 Prozent; bei Mozilla, der Firma hinter dem Firefox-Browser, schon 60 Prozent; bei der Firma Automattic, der Gruppe hinter Wordpress, wählen alle über 400 Mitarbeiter ihre Arbeitsumgebung selbst.

Eine klassische Berufskarriere wirkt im Hubud wie ein antiker Ausgrabungsfund: historisch sicher bedeutsam, aber aktuell nicht von Nutzen. Alle haben mehrere Jobs. Projekte, Einnahmequellen. Schreibtische gibt es nicht, genauso wenig Drucker oder Sitzungsräume.

Morgen ist balinesisches Neujahr, Tag der Stille, der höchste hinduistische Feiertag. Die ganze Insel wird dann heruntergefahren wie ein überdimensionaler Rechner. Am Flughafen dürfen keine Maschinen starten oder landen, alle Bankomaten: außer Betrieb. 24 Stunden lang wird es verboten sein, Musik zu hören, Licht zu machen, zu arbeiten. Grundsätzlich sind die Balinesen nachsichtig mit westlichen Besuchern und deren Wünschen, schließlich sind sie die wichtigste

Einnahmequelle, aber manche Regeln müssen eingehalten werden. Auch Hubud wird schließen.

Manche Länder locken Freelancer gezielt an

Seit Tagen schmücken die Balinesinnen und Balinesen ihre Insel mit Palmwedeln, feiern Reinigungsrituale am Strand und basteln haushohe Monster aus Pappmaschee. Am Vorabend des Tags der Stille werden alle Einheimischen auf der Straße sein und böse Geister vertreiben. „Balinesische Frauen trinken nicht einmal an Festen Alkohol, hab ich gehört", sagt Terri, die sich am Kiosk deshalb für ein Wasser entschieden hat. Mit elf anderen Roam-Bewohnern hat sie die Hipsteroase verlassen und wartet nun an einer Straßenecke. Und dann kommen die Monster: mit spitzen Krallen und nackten Brüsten, die Augen leuchten elektrisch rot, die Haare stehen zottelig vom Kopf ab. Auf Bambusgerüsten tragen junge Männer die Pappmaschee-Ungeheuer durch die Straßen. Die Roam-Leute drängen sich zwischen den Einheimischen an den Straßenrand und fotografieren. Indonesien zum Anfassen – ein tropisches Entwicklungsland mit einer Bevölkerung, die Büffel opfert und an Dämonen glaubt.

Es ist die Ironie der Geschichte: Jahrhundertelang haben Europäer und Amerikaner das Nomadentum als rückständige Lebensform verachtet, haben Häuser gebaut, Städte geplant und Nationalstaaten gegründet – und jetzt lassen sie die moderne Zivilisation wieder hinter sich und feiern das nomadische Leben als neuen, visionären Lebensstil. Es gibt Entwicklungs- und Schwellenländer, die westliche Freelancer und Start-ups gezielt anlocken, weil sie sich wirtschaftliche Impulse von ihnen erhoffen. Südkorea vergibt Förderstipendien; Chile lockt mit bis zu 40 000 US-Dollar Startkapital und einem einjährigen Arbeitsvisum. Bali hat all das nicht nötig. Die Leute kommen von selbst. Die meisten mit einem Touristenvisum, mit dem sie 60 Tage im Land bleiben können, dann müssen sie ausreisen. Sogenannte Visa Runs, zweitägige Trips nach Singapur, Bangkok oder Hongkong, gehören hier zum Alltag. Bei der Gelegenheit kann man auch gleich einen Vorrat an Kontaktlinsen und Tampons kaufen – Produkte, die es auf Bali nicht gibt. Yogalehrer, die man ohne Arbeitsvisum auf Bali erwischt, werden direkt zum Flughafen gefahren und in die nächste Maschine Richtung Heimat gesetzt. Manche Yogaschulen machen deshalb schnell dicht, wenn sich das Gerücht einer anstehenden Kontrolle herumspricht. Auch im Coworking Space Hubud kamen die Mitarbeiter der Immigrationsbehörde schon zu Besuch und fragten, was die Leute hinter den Bildschirmen mit den Kopfhörern eigentlich den ganzen Tag treiben. „E-Mails schreiben und Videos auf Youtube schauen", sagte der Hubud-Chef, woraufhin sie zufrieden waren und wieder gingen. Seither werden die Westler mit den Notebooks wie Touristen behandelt.

„Und jetzt sind wir Schmetterlinge"

Digitale Nomaden sind ein Phänomen, das die meisten Regierungen überfordert. Wo sollen diese Personen sich registrieren? In welchem Land Steuern zahlen? Manche füllen die Steuererklärung ihres Herkunftslandes aus, andere die Singapurs, manche keine. Georgio zahlt seine Steuern noch immer in England, auch weil er so seine Krankenversicherung behält. Estland bietet seit 2014 eine digitale Staatsbürgerschaft an, die „E-Residency". Sie erlaubt es Staatenlosen, einen Steuerwohnsitz anzumelden, ein Konto zu eröffnen, eine Firma zu gründen. Die Idee stammt vom estländischen Politiker Taavi Kotka, Mitgründer des Internet-Telefonanbieters Skype.

Steve Munroe, Chef des Coworking Space Hubud, treibt die Frage um, wie die Einheimischen von der Invasion der digitalen Nomaden profitieren könnten. Wie man einen Austausch anregt, von dem beide Seiten etwas haben. „Wir Westler könnten natürlich regelmäßig den Strand von Abfall säubern", sagt er, „aber das wäre, wie ein Waisenkind streicheln – ohne Effekt." Seine Idee ist, dass die Westler gratis Websites für die lokale Bevölkerung programmieren. So würde das Know-how der digitalen Nomaden am wirkungsvollsten eingesetzt, und die Geschäfte der Einheimischen könnten professionalisiert werden. Er ist nur noch nicht sicher, wie er die Zusammenarbeit am besten koordiniert; er hat viele Jahre für die UNO gearbeitet und weiß, wie schwierig Entwicklungshilfe ist.

Auf der Dachterrasse des Roam turnen in der ersten Reihe Georgio, David Kamp, ein Deutscher, der gerade eine neue Schokoladenmarke aufbaut (nach Bier und Kaffee der nächste große Craft-Trend), und der kanadische Grafiker, der sein Geld größtenteils an der Wall Street gemacht hat. Es ist schon wieder unglaublich heiß, die Männer tragen Badehosen, der Schweiß tropft auf die Yogamatten. Konzentrierte Gesichter, verrenkte Körper, fast alle besuchen täglich Klassen, hier oder in einem der unzähligen Studios. „Und jetzt sind wir Schmetterlinge und fliegen 500 Meter weit", sagt der philippinisch-kanadische Maler. Die Beine im Schneidersitz angewinkelt, wippen neun Paar Knie. „Und nun: glückliche Babys." Auf dem Rücken liegend fassen alle mit den Händen die nackten Füße und rollen hin und her.

Als sich der Himmel am Horizont hinter den Palmen orangerosa verfärbt und die holländische Illustratorin in der Wolkenform ein schlafendes Herz erkennt und noch immer niemand auf der Straße ist und alle Häuser in der Dunkelheit versinken, damit die Dämonen an der Insel vorbeiziehen, sagt Georgio, der Bulgare: „So müssen sich in früheren Zeiten Sonntage angefühlt haben."

Es ist eigentlich egal, welcher Wochentag gerade ist, ja sogar, welche Uhrzeit. Nur Samstag und Sonntag helfen noch ein bisschen bei der Orientierung. Wer keine Skype-Termine und keine nahen Deadlines hat, macht Freizeitpläne. Die angesagteste Party der Insel findet samstagabends in Ubud statt. Um sieben Uhr, als der kanadische Grafikdesigner und der Programmierer aus dem Silicon Valley an der auf Facebook angegebenen Adresse aus dem Taxi steigen, tanzen bereits 200 Menschen barfuß vor und in der Privatvilla.

Die meisten hier sind single.

Eine feste Beziehung ohne festes Zuhause – das passt nicht gut zusammen. Verliebt man sich in eine sesshafte Person, kommt irgendwann der Moment des Abschieds. Das Ideal wäre: sich in jemanden mit dem gleichen Lebensstil zu verlieben und gemeinsam um die Welt zu ziehen. Demnächst soll eine Dating-Plattform für digitale Nomaden online gehen.

Es geht aber um viel mehr als die Suche nach dem persönlichen Glück. Was hier gelebt wird, ist die Utopie einer neuen Gesellschaft. Vielleicht ist es wie mit den Hippies der 68er: Erst werden sie als Spinner abgetan, manche Ideen werden sich als Irrtum entpuppen, andere als viel zu extrem. Aber ihre Vision wird die Gesellschaft für immer verändern. Wie die Hippies die Erziehung und die Sexualmoral revolutionierten, werden die digitalen Nomaden unsere Arbeitswelt umwälzen.

Um halb zehn wird die Musik leiser, ein Mann um die 50 in einer schwarzen Kutte, die brustlangen Haare leicht angegraut, bittet zur Meditation. Als alle im Schneidersitz auf dem Boden sitzen, spricht er mit leiser, warmer Stimme ins Mikrofon: „Wir danken für die Samen der Menschlichkeit, die wir gemeinsam säen, mit der Art, wie wir tanzen, wie wir leben und wie wir sind." Er bläst in ein Didgeridoo, die Feiernden liegen rücklings auf dem Marmorboden, Augen geschlossen. Dann ist die Party vorbei. Um zehn gehen alle nach Hause, nüchtern und ausgepowert.

Morgen werden sie mit den ersten Sonnenstrahlen wieder aufstehen. Um Yoga zu machen. Oder um zu arbeiten.

QUELLE: https://blendle.com/i/neon/reif-fur-die-arbeit/bnl-neon-20170109-118758?sharer=eyJ2ZXJzaW9uIjoiMSIsInVpZCI6ImthdGhyaW5zY2hyYWdsIiwiaXRlbV9pZCI6ImJubC1uZW9uLTIwMTcwMTA5LTExODc1OCJ9; (abgerufen am 17.08.2017) . Der Text ist ursprünglich erschienen im Schweizer Magazin „Das Magazin".

Textbeilage 2

Digitale Nomaden: Sie nennen es Arbeit

Von Karin Ceballos Betancur | 07.07.2016, editiert am 10.08.2016

Geld verdienen in der Hängematte – davon träumen doch alle. Es gibt Leute, die machen es vor: Ihr Laptop ist ihr Büro, und damit reisen sie um die Welt. Sind sie zu beneiden? Auf Kreuzfahrt mit 197 Digitalen Nomaden.

Papageien schreien im Hafen von Cartagena. Das Meer ist nah, aber man kann es noch nicht riechen. Ein Affe springt durchs Unterholz, Flamingos stehen sich in einem Teich die Beine in ihre rosaroten Bäuche, und irgendwo dazwischen winden sich Schlangen, stehen schwitzende Menschen an zur Passkontrolle, am Check-in-Schalter, an der Rampe zum Zoll. Koffer und Rucksäcke parken unter Palmen. Männer mit Klemmbrettern unterm Arm bemühen sich, mehr als 2.000 Passagiere zügig an Bord der Monarch zu lotsen, vergeblich. Die Einschiffung dauert Stunden. #livingthedream #lovetheworld #enjoylife

Früher schickte die Reederei Pullmantur ihre Kreuzfahrtschiffe zu Beginn des Sommers leer über den Atlantik, von der Karibik ins Mittelmeer und im Herbst retour. Die zwölftägige Überfahrt nutzte man für Instandsetzungsarbeiten. Mittlerweile wird die „Relocation Cruise" zwar vermarktet, aber die Tickets sind extrem günstig. Passagiere mit Innenkabine zahlen für die Reise weniger als 300 Dollar. Rund 20 Euro pro Tag. All inclusive. Johannes Völkner hat das vor ein paar Monaten auf eine Idee gebracht – die „Nomad Cruise".

Der 33-Jährige lebt seit sechs Jahren ohne festen Wohnsitz. Er ist „digital nomad", grob gesagt: jemand, der zum Geldverdienen kaum mehr als seinen Laptop und eine stabile Internetverbindung („digital") braucht und die damit einhergehende Autonomie zum Reisen („nomad") nutzt. Völkner verkauft über einen Online-Shop Therapiematerial für Psychologen, das geht von überall aus. Schätzungen zufolge sind weltweit mittlerweile rund 5.000 Menschen *location independent* unterwegs, genaue Zahlen gibt es nicht, vielleicht sind es auch doppelt so viele. Und sie bloggen, posten, twittern darüber. #digitalnomad #workisnolongeraplace #instatravel

Im Internet sieht das alles super aus

Im Internet sieht dieses Leben im Grunde immer super aus: Junge Menschen liegen mit ihren Rechnern in Hängematten, arbeiten ein bisschen, nuckeln an Strohhalmen, die in Kokosnüssen stecken, und stürzen sich zum Feierabend, wenn andere im Stau stehen, in malerische Brandungen.

Wie machen die das? Sind „digital nomads" einfach smarte Checker, die begriffen haben, wie das gute Leben geht? Postmoderne Hippies, die den Globus als Trampolin benutzen? Und wenn ja: Was hat der Globus davon? Kommt man überhaupt jemals an, wenn man ständig unterwegs ist? Und ist das nur eine neue Job-Beschreibung oder ein Lebensgefühl?

Johannes Völkner sagt, er reise vor allem, um kitesurfen zu können, dem Wetter hinterher. Endless summer 2.0. Am meisten Spaß macht das mit Gleichgesinnten. In Tarifa, Spanien, hat er eine Art Nomaden-Hub aufgebaut: Menschen reisen für ein paar Wochen an, leben zusammen, arbeiten zusammen, surfen zusammen und feiern zusammen, bis sich das Karussell weiterdreht. Sie nennen es „workation", eine Mischung aus Arbeit und Urlaub.

Und was, wenn man sich dabei auch noch fortbewegen könnte? „Traworkation" quasi? Im Netz stieß Völkner auf die Pullmantur Cruise und postete seine Idee bei Facebook an die Community: Bucht euch Kabinen, und lasst uns zusammen nach Südamerika fahren! Die erste Nomad Cruise verließ Las Palmas im vergangenen Oktober in Richtung Rio de Janeiro.

Heute, ein halbes Jahr später, treten in Cartagena auch ein paar Pioniere die Rückreise nach Europa an. Man erkennt sie an der sehr braunen Haut und den blassblauen Armbändern am Handgelenk; Sonne, Salz und Sand haben die Schrift vom Gummi gefressen. Für die neue Tour gibt es am ersten Abend beim Meet-up in der Bord-Disco T-Shirts mit Logo und blaue Bändchen aus Stoff. Damit wir einander erkennen, eine Art Generalschlüssel, sagt Völkner, zum Networken auf dem Schiff.

Die Gruppe zählt 197 Menschen aus 33 Nationen, „digital nomads“ und Leute, die vielleicht selbst gerne Nomaden würden, sich das Ganze aber erst aus der Nähe anschauen wollen. Einstweilen, sagt Völkner, verdiene er noch nicht viel an der Nomad Cruise, Testphase, ziemlich anstrengend, das alles. Sein freundliches Sesamstraßengesicht wirkt ein bisschen abgekämpft. Es trubelt um ihn herum.

Gelächter und Gesprächsfetzen wogen in Wellen durch die Disco. Männer mit Bärten stecken in Sitzgruppen die Köpfe zusammen. Am Tresen fällt eine Tussi einer anderen jauchzend um den Hals. Ein Mann mit Hemd und sehr heller Haut lehnt allein an einer Säule. Eine Blonde erzählt einer anderen Blonden, sie sei in Indien im Aschram gewesen und meditiere nun jeden Tag. Ein Typ trägt seine Procam mit Stativ wie ein Zepter durch die Menge, und jemand will wissen, ob man an Bord Kondome kaufen kann. Während draußen die Lichter von Cartagena vorübergleiten und die Monarch Kurs auf Nachtschwarz nimmt.

„Insecurity is a bitch“

Auf dem Bett in der Kabine weist ein Kärtchen darauf hin, dass die Uhren heute Nacht eine Stunde vorgestellt werden. Wir werden das jetzt regelmäßig tun, alle zwei Tage, sechs Mal bis Lissabon, 3980 Seemeilen, 7371 Kilometer.

Dass der Nomaden-Morgen früh um neun Uhr und gleich mit Arbeit beginnt, ist ein wenig ernüchternd. Während oben am Frühstücksbuffet der Filterkaffee in Strömen fließt und am Pool eine dralle Animateurin Senioren den Cha-Cha-Cha nahebringt, schlappen auf Deck 7 im Schiffsbauch Flipflops über Auslegeware in den Konferenzraum. Jeden Tag finden an Bord vier Workshops statt, in englischer Sprache, von Nomaden für Nomaden. Die Referenten bekommen kein Geld dafür. Es geht ums Sharing. Wissen miteinander zu teilen gehört zum Selbstverständnis der Community.

Das Themenspektrum ist breit: *Write Your How-To-E-Book in Two Days, How to Run Your Business From Anywhere in the World, Podcasting Like a Pro, Building Websites and Managing Your Code.* Es gibt auch Beziehungsrat: *Be in Control of Your Relationship, Cool Concepts to Design Relationships,* Kontrolle und Design, und zum Abschluss der Kreuzfahrt *How to Stop Attracting Wrong Men.* Auch wenn es bis dahin für manche zu spät sein wird.

Lodi Planting, der belgische Referent mit kahlem Kopf und rotblondem Bart, weiß, wie man als Freelancer erfolgreich sein kann, selbst wenn man, wie er über sich sagt, Kaffeetrinken als persönliche Kernkompetenz ausgemacht hat. Lodi kann gut mit Leuten. Und er kennt Leute, die für Leute, mit denen er Kaffee trinkt, Webseiten bauen. Lodi bringt diese Leute zusammen und koordiniert das Ganze. Damit verdient er Geld, mal mehr, mal weniger. „Insecurity is a bitch“, sagt Lodi. Wer mit Unsicherheit nicht umgehen kann, sollte die Finger vom Freelancen lassen. Auf der Beamerleinwand zittert ein Bild, das ihn mit Telefon am Strand zeigt. Nur für das Foto, sagt Lodi. Er hasst telefonieren.

Praktische Tipps gibt Lodi auch: wie man als Freier seine Nische findet, wie man Strukturen schafft, die unterwegs helfen, trotz Strand und Party Dinge geregelt zu kriegen. Formuliere Jahresziele und bilde einen „Mastermind“, einen Arbeitskreis von Leuten, die deine Fortschritte kontrollieren. Teile deine Zeit nach dem bekannten Pomodoro-Prinzip ein: 25 Minuten arbeiten, 5 Minuten Pause. Ganz wichtig: das „About“, die Selbstdarstellung auf deiner Webseite. All das ist nicht bahnbrechend neu, aber Lodi wirkt dabei so sympathisch, dass man direkt mit ihm einen Kaffee … – verdammt.

Millionäre sind wohl auch dabei

Die Teilnehmerzahl für die Workshops ist begrenzt. An Bord der Monarch bilden sich Grüppchen aus der Gruppe. Die Traveller-Nomaden liegen am Pool auf Deck 11 in der Sonne, Blogger und Freelancer, beschallt von Bruno Mars und Jamie Cullum in Dauerschleife. Tattoos, Batik und Bikinis, wir haben immer noch Karibik. Die Entrepreneur-Nomaden, die Entwickler und Unternehmer – darunter dem Vernehmen nach auch ein paar Millionäre –, versammeln sich auf Deck 12 im klimatisierten Waves-Club. Für Passagiere mit Juniorsuite gibt es hier eine WLAN-

Flat, auf dem Rest der Monarch wird der Zugang im teuren Minutentakt abgerechnet. Pool und Club verhalten sich zueinander wie Mallorca und Ibiza.

Der Mann mit dem Kamerazepter sitzt am Club-Tresen und arbeitet an seinem Rechner. Er wird später in einem Workshop sagen, er vertraue keinen Finanzberatern, die weniger verdienen als er selbst. Unten auf Deck 7 laufen Nomaden auf dem Joggingtrack im Kreis, den Rentner aus Argentinien und Venezuela zum Flanieren nutzen. Ihr Blick fällt ins Blaue.

Ehe sich an dieser Aussicht neun Tage lang nichts mehr ändert, macht die Monarch noch einmal halt. Über der Antilleninsel St. Maarten – halb niederländisch, halb französisch – geht am Morgen ein tropischer Wolkenbruch nieder. Warmer Regen prasselt auf die Sonnenschirme am Strand von Philipsburg, gesäumt von Bars und Duty-free-Shops. Ein paar Leute sind zum Schnorcheln gefahren, andere nach Maho Beach, weil direkt hinter dem Strand die Landebahn des Flughafens liegt und die Maschinen sehr dicht über den Badenden einschweben. Super Selfie-Spot. #mahobeach #stmaarten #planespotting

In einer Kneipe an der Promenade hängen zwei Leute auf Barhockern wie Gruppenstrandgut, der Mann mit dem Hemd und der sehr hellen Haut und Vincent, der auf sein Smartphone starrt. Es gibt WLAN. Vincent, ein 25-jähriger Franzose, war zweieinhalb Monate lang in Südamerika unterwegs. Er hat die Atacama-Wüste gemacht, Machu Picchu und die Galapagosinseln. Der Mann mit dem Hemd und der sehr hellen Haut ist extra für die Cruise nach Kolumbien geflogen. Sein Job, erzählt er, langweilt ihn zu Tode, und weil ihn diese Bemerkung nicht seine Festanstellung kosten soll, nennen wir ihn hier sicherheitshalber Andreas. Er hat was mit Computern zu tun. Andreas würde sich gerne selbstständig machen. Er ist Anfang 40 und zum ersten Mal in der Karibik.

Wir beschließen, gemeinsam einen Ausflug zu machen. Vincent schaut auf seinem Smartphone, was bei TripAdvisor am beliebtesten ist (#mahobeach). Wir fahren dann doch zusammen nach Marigot im französischen Teil der Insel. Vincent handelt den Taxifahrer von 8 auf 7 Dollar runter. Später, beim Mittagessen in einer Hinterhofküche, erzählt er, er habe vor, den Pariser Nahverkehr zu revolutionieren. Mit Tretrollern. Problem: Tretroller gelten als brutal uncool. Aber wenn Jennifer Lopez mal auf so einem Teil fahren würde, wollten alle eins haben. Vincent will seine Idee mit den Berater-Nomaden besprechen, mit denen, die was von Unternehmensgründungen verstehen.

Unabhängigkeit um jeden Preis

Wir fahren mit dem Bus zurück nach Philipsburg. Vincent hat keinen Bock, noch mal 7 Dollar für ein Taxi zu bezahlen. Andreas sitzt neben einer üppigen Mama auf durchgesessenen Sitzpolstern und lächelt zum verschmierten Fenster hinaus, hinter dem die Karibik leuchtet. Später, am Strand, sagt Andreas, die Busfahrt sei für ihn das schönste Erlebnis auf St. Maarten gewesen.

Die Monarch verlässt den Hafen am späten Nachmittag. Ein paar Inseln noch, dann ist wieder alles blau. Ed übrigens auch. Der Rentner aus Kalifornien ist kein Nomade, aber er sucht Abend für Abend Gesprächspartner unter den Nomaden am Pool und findet täglich neue, weil er sich später nicht an sie erinnern kann. Kostenlose Cocktails auf einer Cruise, das sei schon phänomenal, sagt Ed, während ihm sein Gebiss immer wieder ins Wort fällt. Er selbst reise bis – „Moment, wohin fahren wir?“ – „Lissabon.“ – „Genau, und dann fahre ich noch weiter, Berlin, Russland, Niederlande eben.“ Dann verabschiedet er sich. Ed sagt, er wolle noch schwimmen gehen.

Vielleicht liegt es an der Pausenlosigkeit einer Atlantiküberquerung, dem Flow der Rituale, dass sich die folgende Zeit später wie ein einziger langer Tag anfühlt. Es gibt Nomaden, die im Laufe der Reise abhandenkommen, die erkältet sind, seekrank werden oder beides. Vielleicht arbeiten sie auch nur, irgendwo im Schiffsbauch. Wo die Sonne nicht auf dem Monitor spiegelt. Wo es eine Steckdose gibt. Wo man seine Ruhe hat.

Am Pool wippt der Horizont an manchen Tagen wild, im Konferenzraum knarzen die holzgetäfelten Wände. Die Monarch stampft und rollt und schlingert. Es gibt den Abend in der Disco, an dem Johannes Völkner beim Meet-up bittet, von Partys in den Juniorsuiten abzusehen. Und dass sich ein paar Leute ins Bord-WLAN gehackt hätten, das sei irgendwie auch nicht okay.

Früher wollte sie schnell viel Geld machen

Wir lernen einander kennen, so ist das auf Gruppenreisen, wenn niemand ins Flugzeug steigen und abhauen kann. Man kommt miteinander ins Gespräch, auch wenn man sich das gar nicht vorgenommen hat. Mit dem Unternehmer, der noch keine 30 ist und im Internet weit mehr verdient, als seine Reisen kosten. Mit dem Paar aus Kanada, das auf der Suche nach einem Standort für sein Bed and Breakfast um die Welt reist. Mit der Sex-Bloggerin. Mit der Frau, die Schmuck aus Papierperlen von Bürgerkriegsopfern in Uganda im Internet verkauft. Mit dem Doktoranden aus Litauen, der über „digital nomads“ forscht und dabei selbst einer geworden ist. Mit der Englischlehrerin, die ihren Job liebt, aber nicht möchte, dass der Rest ihres Lebens direkt nach dem Staatsexamen beginnt.

Es sind zahllose Lebensentwürfe, die unter dem Branding „digital nomad“ laufen, das den meisten von ihnen noch nicht mal besonders gut gefällt. Aber es zieht halt. Was sie eint, ist das Streben nach Unabhängigkeit. Um jeden Preis.

An einem Abend erzählt einem die jauchzende Tussi ihre eigene Version. Und man merkt, dass Elena Lombardo, Italienerin, 26, gar keine Tussi ist. Vielleicht war sie das mal, damals, als sie nach ihrem BWL-Studium in London bei einer PR-Firma anfing. Möglichst schnell möglichst viel Geld zu machen, das sei ihr damals wichtig gewesen. Bis sie mit Freunden in den Urlaub nach Kambodscha fuhr. Für Elena wird der Abend noch länger dauern. Sie hat sich geschminkt, die braunen, langen Haare geföhnt und trägt einen engen, geschlitzten Rock.

Elena sagt, sie könne sich noch genau an diesen Nachmittag am Strand erinnern. Um sie herum spielten Kinder, die nichts, so gar nichts hatten. Und auf einmal, sagt Elena, hätten ihre Freunde auf sie gewirkt wie Fremde. Elena fuhr nach Hause, kündigte ihren Job, verkaufte ihre Schuhe, „all die Sachen, von denen ich mal glaubte, dass ich sie brauche“. Sie hat in unzähligen Projekten gearbeitet, für NGOs, in Panama, in Chile, in Kambodscha, mit HIV-positiven Kindern. Elena steht auf und lächelt sich am Tresen der Poolbar vor bis zum Kellner, um noch eine Runde Wein für uns klarzumachen. Es geht schnell, wenn Elena das tut.

„Deshalb bin ich Single“

„Ich liebe meine Freiheit, ich muss mich frei fühlen. Ich möchte mich nicht binden, deshalb bin ich meistens Single. Mir gefällt die Idee von Romantik, aber dann denke ich immer: Ach nein, lass mich, geh weg, aaaaaarrrgh.“ Auf einen Freund, sagt Elena, könne sie verzichten. Aber ihren kleinen Bruder nicht aufwachsen zu sehen, das breche ihr das Herz. „Das sind die Opfer, die man bringt.“

Sie hat es später noch mal versucht mit der Sesshaftigkeit, bei einem Start-up in London, „but I was bored as fuck“, sagt sie. Sie habe sich sehr gelangweilt. Elena will jetzt ihr eigenes Ding machen. Mit einem Freund hat sie das Projekt „Wifi-Tribe2 gestartet – auch eine Art „workation“ für „digital nomads“, aber enger verzahnt mit Einheimischen. „Wir alle reisen dauernd durch die Gegend, und oft genug kommen wir mit den Leuten vor Ort nicht mal in Kontakt.“ Sie will in Kambodscha eine Wifi-Tribe-Niederlassung aufbauen, Arbeitsplätze schaffen, für ihre NGO-Kinder von früher. Das Unterwegssein, sagt Elena, habe sie verändert. Dann fällt sie wieder einer Freundin um den Hals, die an den Tisch tritt. Jauchzend.

Es ist noch Nacht, als am Donnerstagmorgen um vier Uhr früh die Lichter von Lissabon am Horizont auftauchen. Applaus brandet auf, als wir unter der Ponte 25 de Abril hindurch den Tejo entlang in Richtung Hafen fahren und im Osten die Sonne aufgeht.

Der Mann mit dem Kamerazepter lässt eine Drohne fliegen. Er filmt von oben und schaut ernst in den Himmel. Man kann sein Video später bei YouTube ansehen. Er strahlt darin und plaudert und redet und erzählt, was für eine fantastische Zeit wir an Bord hatten. Es wird Menschen geben, die uns darum beneiden. #awesome #epic #superexciting

QUELLE: www.zeit.de; (abgerufen am 28.09.2017)

Auf dem Weg zur Matura

2 Verfassen Sie eine **Textinterpretation**.

Situation: Im Rahmen eines fächerübergreifenden Projektes sollen Sie Ihre Kompetenz im Umgang mit Sprache unter Beweis stellen.

Lesen Sie die Kurzgeschichte *Herr Jesus springt*, mit der die Autorin Isabella Straub den FM4-Kurzgeschichten-Wettbewerb Wortlaut im Jahr 2011 gewonnen hat (das Überthema lautete „Zirkus").

Schreiben Sie nun die Textinterpretation und bearbeiten Sie dabei folgende **Arbeitsaufträge**:

- **Fassen Sie die Textgrundlage zusammen.**
- **Erschließen Sie sprachliche und erzählerische Mittel, die für eine Interpretation der Kurzgeschichte wichtig sind.**
- **Deuten Sie die Gedanken und das Verhalten sowohl von Raoul als auch von seiner Verlobten und Frau Jesovsky.**

Schreiben Sie zwischen 540 und 660 Wörter. Markieren Sie Absätze mittels Leerzeilen.

Textbeilage 1

Isabella Straub: ***Herr Jesus springt***

Wenn Raoul gut gelaunt ist, spielen wir *Wo ich niemals leben möchte*. Wenn er schlecht gelaunt ist, aber immer noch gut genug, um sich aufheitern zu lassen, spielen wir *Wo ich niemals sterben möchte*. Wenn ich merke, dass die Stimmung kippt, lasse ich ihn gewinnen.

Ich beiße mir auf die Unterlippe und tue so, als würde ich nachdenken, obwohl ich tausend Orte nennen könnte, an denen ich nie und nimmer sterben möchte. Wenn es so weit ist, reibt Raoul sich die Hände. Manchmal kneift er mich auch in die Wange, das kann ich nicht leiden.

„Gewonnen."

„Scheint so."

„Feiern wir?"

Er öffnet den Gürtel seiner Hose, lässt mich dabei nicht aus den Augen. Seine Beine sind weiß und dünn wie zwei Leuchtstoffröhren. Während ich meine Mundhöhle mit Tee vorwärme, erinnere ich mich an meine Klavierlehrerin. In ihrer Wohnung möchte ich nie und nimmer sterben, das steht fest. Sie hieß Frau Weinzierl und war sehr gläubig. Auf ihrem Klavier lagen drei Rosenkränze. An der Wand hing ein in einen Goldrahmen gefasstes Foto, das sie mit dem Papst zeigte. Sie kniet vor dem Papst so wie ich vor Raoul. Bereit, beinahe alles zu tun. Der Papst ist längst tot und selig gesprochen. Raoul ist lebendig und warm.

Manchmal kniff uns Frau Weinzierl in die Wange, aber nur, wenn sie gut gelaunt war. Wenn sie schlecht gelaunt war, notierte sie jeden unserer Fehler in einem Schulheft. G statt Gis, Dominantseptakkord misslungen, Pause nicht eingehalten. Wir mussten uns unsere Strafe selbst ausdenken.

Um uns gegenseitig zu versichern, wie gut es uns geht, fahren Raoul und ich in unregelmäßigen Abständen an einen Ort, der sowohl in der Wertung *Wo ich niemals leben möchte* als auch in der Wertung *Wo ich niemals sterben möchte* vorn dabei ist. Diesmal ist es der Park Rothneusiedl, ein Wohnturm an der Wiener Peripherie. Er sieht aus wie eine Pyramide, an die man Balkone drangeschraubt hat. Rothneusiedl ist ein beliebter Hot Spot für Selbstmörder, sagt Raoul. Vor allem wegen seiner Schikane. Da sich das Gebäude nach unten hin verbreitet, müssen die Lebensmüden einen ordentlichen Anlauf nehmen, um nicht auf einem der Balkone aufzuschlagen, zwischen Pelargonien und Kugelgrill. Das gelinge nicht allen, sagt Raoul.

Ich weiß nicht, ob ich ihm das glauben soll, aber ich tue es. Schließlich werden wir im Juni heiraten, und Ehe bedeutet Vertrauen, sagte der Priester im Ehevorbereitungskurs.

Wobei er „Vertrauen“ aussprach wie „verdauen“, und ich dachte: Ja, eine Menge zu verdauen, auch schon vor der Hochzeit.

Wir müssen zweimal die U-Bahn-Linie wechseln, dann stehen wir vor der Pyramide wie zwei Touristen, die sich verlaufen haben.

„Und jetzt?“

„Was, und jetzt?“

„Na was jetzt?“

Rund um die Pyramide erstreckt sich die Bulimiezone der Stadt. Alles sieht aus wie zerkaut und ausgespuckt. Kein Park weit und breit, nicht einmal ein Grünstreifen. Ich lege meinen Kopf in den Nacken und schaue hinauf zu den Balkonen. Schlaffe Kletterpflanzen, die sich am Sichtbeton entlangranken, gelb-weiß gestreifte Markisen. Dazwischen ein Eckchen Himmel, eingeklemmt zwischen der Pyramide und dem Docht des Fernheizkraftwerkes.

„Los, du läutest an.“

„Nein, du läutest, ich rede.“

Ich entscheide mich für Gundula Jesovsky. Guter Sound, ein Name im Dreivierteltakt.

„Ja.“

Eine dürre Stimme.

Raoul schiebt sich vor die Gegensprechanlage.

„Scheinmeier“, sagt er. „Grüß Gott.“

Es knackt und rauscht in der Leitung.

„Von der Bibelrunde?“

„Nein, wir – also wir kommen von der Uni Wien. Dekanat für Hochhauspsychologie.“

Hochhauspsychologie! Der Mann hat Nerven. Ein Summen, Raoul drückt gegen die Tür. Im Treppenhaus ist es kalt. Auf der Treppe zum Keller: eine Kinderwagenprozession.

Der Aufzug reißt sein Maul auf. Siebzehnter Stock. Ich weiß nicht, was wir hier verloren haben. Es riecht nach Hund.

Ich beobachte die schattige Mulde zwischen Raouls Nase und seinem Mund. An der Ecke des Schneidezahns ist eine Einkerbung, die mit der Zeit dunkler geworden ist. Der ganze Mann dunkelt nach, er bekommt Flecken, Kerben, Risse. Von einer Fieberblase ist eine kleine rosa Narbe übrig geblieben. Immer wieder hatte er an der Wunde gekratzt, die frische Haut mit den Fingernägeln weggeschabt. Ich frage mich, wie er aussehen wird, wenn er fertiggemeißelt ist.

„Herr Dekan“, sage ich.

„Lass mich nur machen“, sagt er und grinst. Er kontrolliert seinen Seitenscheitel im Spiegel.

Gundula Jesovsky steht an der Tür. Sie ist klein und schrumpelig, wie ein Kleidungsstück, das mit zu hoher Drehzahl geschleudert wurde. In ihren Augen spiegelt sich die Ehrfurcht vor dem Akademischen.

Sie bittet uns in einen dunklen Flur, dann weiter in ein dunkles Wohnzimmer. Kassettendecken, Biedermeier-Mobiliar, eine Pendeluhr. Es riecht nach nasser Wolle. Diese Frau gehört in eine Altbauwohnung im Zentrum, denke ich, mit Flügeltüren und hohen Decken, damit die Erinnerungen gut zirkulieren können.

Sie bietet uns Zirbenschnaps an, und ich sage: „Bitte keine Umstände“, aber sie scheint sich über den Besuch zu freuen, und ich bereue bereits, dass wir hergefahren sind und Erwartungen wecken, die wir niemals erfüllen können.

„Ich gehe nicht oft hinaus“, sagt sie. „Denn ich muss ja mit dem Lift hinunter und danach wieder hinauf, dazwischen kann viel passieren. Wenn man jung ist, denkt man nicht daran. Aber dann kommt das Alter, und man hat Angst, dass der Lift stecken bleibt.“

Früher sei sie gerne ins Theater gegangen, sagt sie. Nach Schönbrunn und in die Oper. Vor allem in die Oper. „Und eines Tages“, sagt sie, „habe ich die Spiegel gesehen und war alt.“

Ich suche mein Spiegelbild im Glas, um den Zustand meiner Wangen zu kontrollieren. Das Alter beginnt an den Wangen, sagt man, dann metastasiert es in andere Körperteile. Ganz langsam – eine grausame Finte der Natur, damit man sich nicht wehren kann. Wenn man sich zu wehren beginnt, ist es immer schon zu spät. Zunächst erschlafft die Haut, dann verlieren die Konturen des Kinns an Schärfe, der Hals wird breiter und wulstiger, bis er so aussieht, als sei er aus mehreren Ringen zusammengeschraubt. Ich habe so eine Entwicklung schon mit angesehen und fürchte mich davor, deshalb trinke ich schnell aus. Der Schnaps schmeckt nach dunklem, feuchtem Wald.

Ich blinzle hinüber zu Raoul, der sein Glas zwischen den Fingern dreht. Er verträgt keinen Alkohol. Als wir das letzte Mal *Wo ich niemals sterben möchte* spielten, sagte er: „In der dunkelsten Ecke der Brauerei, eingeklemmt zwischen zwei Bierfässern.“

„Dann kommen Sie also von der Universität“, sagt die Frau.

„Darf ich Ihr Bad benützen?“, fragt Raoul und ich denke: Großartig, immer wenn es eng wird, macht er sich aus dem Staub.

„Wir untersuchen die Auswirkungen des Wohnungsniveaus auf die Lebensqualität“, sage ich, ohne nachzudenken.

Ich bin mittlerweile davon überzeugt, dass wir uns geirrt haben, und dass es sich hier sehr wohl gut sterben ließe, warum auch nicht. Mit dem Blick auf den Donauturm, auf das Allgemeine Krankenhaus, auf das Riesenrad, das in der Nachmittagssonne flirrt.

Die Frau streicht ihren Rock glatt. Sie scheint zufrieden mit meiner Antwort. Die Klospülung rauscht, und dann steht Raoul schon wieder im Zimmer. Er muss den Kopf einziehen, um nicht an die Kassettendecke zu stoßen.

„Mit dem Hochhaus ist das so eine Sache“, sagt die Frau. „Anonym, wissen Sie. Dreizehn Nachbarn in fünfzehn Jahren. Wie soll man sich da an wen gewöhnen?“

Ich frage mich, ob man sich überhaupt jemals an irgendwen gewöhnen kann. Oder ob es nur die gemeinsamen Rituale sind. Bevor wir einschlafen, wärmt Raoul meine Füße, indem er mit seinen Waden meine Fußsohlen reibt. Wir haben da eine spezielle Technik entwickelt. Dafür nehme ich einiges in Kauf.

Ich schaue der Frau ins Gesicht und erkenne plötzlich, wie sie ausgesehen haben muss, als sie jung war. Ich suche die Wand nach Fotos ab: Eltern, Kinder, Männer. Nichts. Vielleicht hat sie ein Kind bekommen, und es ist gestorben, vielleicht hat sie einen Mann gehabt, und er ist gestorben, vielleicht hat sie immer nur sich gehabt und ist alt geworden, ohne es zu merken.

„Seit einigen Jahren wohnt ein Blinder im Haus“, sagt die Frau. „Sein Hund kann mit der Schnauze den Aufzug bedienen und hat sich noch kein einziges Mal geirrt. Er hat mich sogar einmal ausgebessert, als ich mich verdrückt hatte.“

Ich male ein Galgenmännchen in meinen Block. Galgen, Kopf, Rumpf, Arm, Arm, die Hände sind kleine Kreise.

Seit kurzem zähle sie ihre Schritte, sagt die Frau. Sie müsse mit ihren Kräften haushalten. Sieben Schritte vom großen Tisch zur Kredenz, zweiundzwanzig Schritte in die Küche. Sie steht auf und sagt: „Acht Schritte vom Fauteuil zum Herrn“, und gerade, als ich fragen will: „Zu welchem Herrn?“, zeigt sie auf ein Kruzifix, an dem ein erstaunlich wohlgenährter Christus befestigt ist. Pausbacken, ein Rettungsring um die Mitte, feste Schenkel.

Er sei gerne draußen an der frischen Luft, sagt sie. Wegen ihm habe sie sich für den siebzehnten Stock entschieden. „Damit er näher am – Sie wissen schon.“ Sie deutet mit dem Zeigefinger an die Decke.

Ich wechsle einen Blick mit Raoul. Jetzt hat er seine Story, daran wird er sich festbeißen, um sie später in Ruhe auszuweiden. Im Park Rothneusiedl wohnen lauter Irre, wird er sagen, völlig Verrückte. Blindenhunde, die mit Aufzügen fahren, alte Jungfern, die ihre Kruzifixe auf dem Balkon auslüften.

„Und? Gefällt es ihm hier?“, fragt Raoul.

„An klaren Tagen sieht man bis zum Kahlenberg“, sagt die Frau. „Das können Sie ruhig schreiben.“ Sie deutet auf mich. „Los, schreiben Sie das auf! Kahlenberg.“

Ich zeichne die Beine des Gehängten, seine Schuhe und den Querbalken des Galgens.

Die alte Frau löst das Kruzifix vom Haken, beiläufig, so wie man eine Jacke von einem Garderobehaken nimmt und öffnet die Schiebetür zum Balkon. „Na los“, sagt sie zu uns, kommen Sie!“

Der Balkon ist aus Beton und so groß wie zwei Doppelbetten.

Am Horizont die Silhouette der Stadt, scharfe Ränder, in den Himmel gemeißelt. Kein Laut, so als stünden wir auf einem Berggipfel.

Gundula Jesovsky nennt die Nachbarn, indem sie mit dem Kruzifix auf die Balkone deutet: „Brunner, Haberl, Wasmaier, Konrad, das ist der Blinde. Sehen Sie die Babybadewanne? Darin badet er seinen Hund.“

Als sie „Hund“ sagt, geschieht es. Eine winzige Unachtsamkeit, eine Fehlschaltung der Synapsen, eine vorübergehende Muskelschwäche, jedenfalls öffnet sie ihre Hand, ich sehe plötzlich einen Gegenstand durch die Luft sausen und denke mir: Woher das wohl kommt. Raoul ruft „Nein!“ und rudert sinnlos mit den Armen durch die Luft, Gundula Jesovsky sagt gar nichts, sie sieht aus, als hätte sie aufgehört zu atmen. Wir beugen uns alle drei über die Brüstung und sehen dem Herrn Jesus nach, der einen Salto rückwärts vollführt, beinahe elegant, und ich muss mich beherrschen, um nicht zu klatschen.

Dann ein dumpfer Ton, ein Aufklatschen, und Raoul sagt: „Haben Sie das gehört? Er ist in der Babybadewanne gelandet, er ist gerettet.“ Raoul wiederholt das Wort wie ein Mantra: „Gerettet, gerettet, gerettet.“

Bei Gundula Jesovsky scheint es nicht anzukommen, immer noch hält sie sich an der Brüstung fest, die Knöchel ihrer Finger sind weiß vor Anstrengung. Ich sehe Raoul an, und er sieht mich an. Ich möchte so gerne sagen: Es ist ein Versehen, wir sollten nicht hier sein, das ist kein Spiel.

Raoul hält die Frau an ihrem rechten Oberarm, ich halte sie an ihrem Linken. Wir sprechen zu ihr in je ein Ohr. „Wir holen ihn herauf, nicht wahr, Raoul? Wir bringen ihn zurück. Er wird feucht sein, aber ganz. Bestimmt ist er noch ganz.“

„Gerettet“, sagt Raoul. „Gerettet.“

„Es reicht“, sage ich zu ihm, über den Kopf der alten Frau hinweg.

Gundula Jesovsky lässt sich von uns zurück ins Wohnzimmer führen. Ich zähle mit, es sind zwölf kleine Schritte.

„Wir können nichts dafür“, sagt Raoul, als wir aus der Wohnung hasten. „Wir können wirklich nichts dafür.“

Wir steigen in den Lift. Ich drücke den „Türen schließen“-Knopf und frage Raoul, in welchem Stock der blinde Mann denn nun wohnt. Im zwölften? Oder hat sie gesagt: dreizehn?

„Keine Ahnung“, sagt Raoul.

Wir stehen eine Weile da, ohne uns zu rühren.

„Und jetzt?“

„Was, und jetzt?“

„Das Kreuz“, sage ich. „Das ist ja wohl klar. Wir finden es und tragen es zurück.“

Raoul lehnt sich an die polierte Aufzugwand und schließt für einen Moment die Augen. Er sieht beinahe unschuldig aus. Dann beugt er sich nach vorn und drückt auf „E“. Der Aufzug setzt sich ruckelnd in Bewegung.

Ich beobachte den Countdown der Stockwerke auf dem Display. Wahrscheinlich sucht man sich das ganze Leben lang seine Strafen selbst aus, denke ich. Freiwillig. Und wenn du es merkst, ist es zu spät. Wenn du anfängst, dich zu wehren, ist es immer schon zu spät.

QUELLE: http://fm4v3.orf.at/stories/1688258/; (abgerufen am 21.08.2017)

4

5y234p

Mündliche Kompetenz

(Un)erhebliches Urheberrecht

In diesem Kapitel lernen Sie:

- Ihren rhetorischen Stil zu verbessern und den Gegebenheiten anzupassen
- über Intertextualität zu sprechen und mit zusammenhängenden Texten umzugehen
- wichtige stilistische Elemente der einzelnen Textsorten gezielt einzusetzen
- ambivalente Rezensionen von bestimmten Texten zu analysieren und zu vergleichen
- über Plagiate und Plagiatsvorwürfe in Bezug auf einzelne Werke zu sprechen
- Zitate passend auszuwählen und in Ihre Texte einzubauen

Die Rhetorik – Ethos, Logos und Pathos

Die Rhetorik galt lange und gilt vielerorts noch heute als Kunstform, da mitreißende und emotionale Reden eine große Anziehungskraft auf das Publikum ausüben. Schon in der Antike waren erfolgreiche Redner hochangesehen und wurden verehrt. Dabei gab es strenge Regeln, welchem Aufbau eine gute Rede folgen sollte. Besonders zu erwähnen sind die drei rhetorischen Säulen **Ethos**, **Logos** und **Pathos**, die bereits Aristoteles so benannte. Ethos bezieht sich auf den Redner oder die Rednerin selbst und beschreibt seine oder ihre Glaubwürdigkeit und Persönlichkeit. Logos bezeichnet die logische Argumentation der Rede, wie überzeugend sie also hinsichtlich der verwendeten Begründungen und Beweise ist. Pathos schließlich meint die emotionale Ebene, also wie einflussreich eine Rede in Bezug auf die Emotionen der Zuhörerinnen und Zuhörer ist.

A1 Sehen Sie sich unter dem Link https://www.youtube.com/watch?v=Jr1iBELR4kA die Rede vom 03.10.2016 von Bundestagspräsident Norbert Lammert zum Tag der Deutschen Einheit an. Befüllen Sie anschließend die folgende Tabelle.

Wirkung der Persönlichkeit/Verhalten des Sprechers (**Ethos**)	Glaubwürdig bezieht sich auf sein Amt

Angesprochene Themen und ihre Argumentation (**Logos**)	Wirtschaft, historische Entwicklung
Aufkommende Emotionen, emotionale Wirkung der Rede (**Pathos**)	Nationalstolz

A2 Lesen Sie den folgenden gekürzten Text über emotionale Momente in politischen Reden. Fassen Sie anschließend in einem Absatz zusammen, was Sie durch die Lektüre über (politische) Reden gelernt haben.

Einfach überzeugen

Von Andreas Sentker | 19.05.2016

Reden kann man lernen, am besten von großen Vorbildern – höchste Zeit für eine Lektion in Rhetorik.

[…] Hier kommt alles zusammen, was eine historische Rede ausmacht: die Glaubwürdigkeit des Redners, die Tragkraft seiner Argumente und die Gefühle, die er beim Publikum hervorzurufen vermag. Die drei Säulen der Rhetorik – Ethos, Logos und Pathos – beschreibt schon der griechische Philosoph Aristoteles im allerersten Lehrbuch der Rhetorik. Für ihn ist die Rhetorik die Kunst der Überzeugung, nicht der Überredung. Und daher ist das Argument das entscheidende rhetorische Mittel.

Aber Aristoteles weiß auch um die Macht der Gefühle und rät dem Redner, „nicht nur darauf zu sehen, dass die Rede beweisend und überzeugend sei“, sondern auch dafür zu sorgen, „sich selbst und den Beurteiler in eine bestimmte Verfassung zu versetzen“. Dreihundert Jahre später im politischen Machtzentrum Roms setzt der erfahrene Politiker und Rhetoriker Marcus Tullius Cicero deutlich unverblümter auf das Pathos: „Nichts ist in der Beredsamkeit wichtiger, als dass der Zuhörer dem Redner geneigt sei und selbst so erschüttert werde, dass er sich mehr durch einen Drang des Gemütes und durch Leidenschaft als durch Urteil und Überlegung leiten lasse.“

Die antike Rhetoriklehre, sie wirkt bis heute fort: Ihre Regeln sind aktuell, ihre Rezepte nach wie vor alltagstauglich. Die Natur des Menschen hat sich in den Jahrtausenden offenbar nicht geändert. Dass sich gerade die politische Redekultur der Vereinigten Staaten so offensichtlich aus dem Fundus der antiken Lehrmeister bedient, hat historische Gründe. Die Rhetorik wurzelt in der Demokratie. Nur ein mündiges Publikum kann und muss vom Redner überzeugt werden. Und die Amerikaner haben eine deutlich längere demokratische Tradition als etwa die Deutschen. Schon vor 200 Jahren durfte dort der freie Bürger das Wort ergreifen, während der deutsche Untertan schwieg und gehorchte.

„Ish bin ein Bearleener“ steht auf einem hellblau linierten Karteikärtchen. John F. Kennedy, der junge amerikanische Präsident, wird diesen – eigentlich sinnlosen – Satz am 26. Juni 1963 vor dem Schöneberger Rathaus aussprechen und damit (im selben Jahr wie King) einen weiteren Höhepunkt in der Geschichte der Redekunst setzen. Kennedy ist ein leidenschaftlicher Redner und ein unverhohlener Bewunderer brillanter Reden. An seiner Antrittsrede als Präsident am 20. Januar 1961 hatte er zwei lange Monate gefeilt. Sie schloss mit einem hoch emotionalen Appell, einem Zitat für die Geschichtsbücher: „Fragt nicht, was euer Land für euch tun kann; fragt, was ihr für euer Land tun könnt." Bis heute hallt dieser Satz nach in den Ohren der Welt.

Für den amerikanischen Präsidenten ist der sommerliche Besuch in Berlin von erheblicher Bedeutung. Er will klare Signale an die Sowjetunion senden: Amerika steht an der Seite Berlins.

Zwei Wochen vor seiner Deutschlandreise lässt Kennedy den Journalisten Robert H. Lochner nach Washington kommen. Der in Berlin-Charlottenburg aufgewachsene Amerikaner soll ihm ein paar einfache deutsche Sätze notieren. Robert Kennedy, Justizminister im Kabinett seines Bruders, hatte John F. empfohlen: „Wenn du in Deutschland sprichst, sag einen Satz auf Deutsch." Deshalb proben Lochner und Kennedy jetzt im Oval Office. Lochner spricht, der Präsident versucht, ihm nachzusprechen. Das Ergebnis ist desaströs. „Nicht sehr gut, oder?", fragt Kennedy. Er kennt die Antwort selbst und verwirft die Idee.

53 Kilometer fährt John F. Kennedy am 26. Juni 1963 durch Berlin, im Wagen begleiten ihn Konrad Adenauer, Willy Brandt, damals Regierender Bürgermeister, und Robert H. Lochner. Als sie die Treppe zum Schöneberger Rathaus emporsteigen, fasst Kennedy spontan einen folgenreichen Entschluss. Er will nun doch einen Satz auf Deutsch sagen. Bloß einen einzigen. Dazu muss er aber von seiner Rede ein wenig abweichen. Akribisch hat er sie sich auf DIN-A5-Karten schreiben lassen. Jetzt kommt noch eine Karte dazu. Mit der Notiz: „Ish bin ein Bearleener". Kennedy schreibt es in Lautschrift auf. Noch im Büro von Willy Brandt übt er mit Lochner die Aussprache.

Hier geht es nicht um politische Argumentation, hier geht es um kalkulierte Emotion. Der Satz fällt. Berlin bricht in Jubel aus. „Wir haben so gebrüllt, dass die Dächer gewackelt haben", erinnert sich die damals 19-jährige Augenzeugin Heidrun Kotte, die mitten in der Menge stand. Kennedys Kalkül geht auf. Sein Satz sitzt. Er brennt sich in die Herzen seiner Hörer. Ein klares politisches Bekenntnis. [...]

QUELLE: http://www.zeit.de/2016/20/rhetorik-redner-vorbilder/seite-2; (abgerufen am 22.08.2017)

A 3 Überlegen Sie zu folgenden Themen, welche persönlichen Attribute/Expertise die Rednerin oder der Redner besitzen sollte, welche logische Argumentation vorgebracht werden sollte und welche Emotionen in der Rede angesprochen bzw. hervorgehoben werden sollten.

- **Thema 1:** Gesamtschule bis 14 – ja oder nein?
- **Thema 2:** Das Urheberrecht bei Büchern sollte statt nach 70 Jahren schon nach 30 Jahren erlöschen
- **Thema 3:** Download von Filmen, Musik und Fernsehserien, ohne dafür zu bezahlen, ist nicht sinnvoll

Das Gelernte in eigenen Reden einsetzen

Reden sollen das Publikum faszinieren, informieren, Ihre eigene Meinung argumentieren und an die Emotionen der Zuhörerinnen und Zuhörer appellieren. Dazu lohnt es sich, schon vor dem Verfassen einer Rede Ideen niederzuschreiben.
Wichtig ist besonders ein aufmerksamkeitserregender Einstieg. Ähnlich dem Fischen muss zu Beginn der Rede ein Haken ausgeworfen werden, an dem sich das Publikum hoffentlich festbeißt und Ihnen durch das geweckte Interesse aufmerksam zuhört. Das kann eine provozierende Frage, ein interessantes und wenig bekanntes Detail oder eine kontroverse Feststellung sein.

A4 Wähen Sie eines der drei in A3 vorgestellten Themen aus und verfassen Sie einen „Haken“ dazu, der ein Publikum „anlocken“ könnte.

A5 Befüllen Sie nun zu dem von Ihnen gewählten Thema den Schreibplan:

Einstieg mit „Haken“	- Was glauben sie, wie lange braucht man für ein Buch?
Passende Kleidung/passender Stil in Bezug auf das Publikum	50 jährige Leute - lockeres Hemd
Hauptargumente und Begründungen	- viel arbeit für ein Buch - 10 Jahre sehr wenig
Emotionale Rhetorik: Wiederholung, Übertreibungen, angesprochene Gefühle	- stellen sie sich vor sie würden ein Buch schreiben und es würde geklaut
Schlussworte: wichtigste Botschaft	- Zollen sie den Lebenswerken anderer Respekt

Zwischenstopp

Sie sollten jetzt folgende Teilkompetenzen erworben haben:
- die drei rhetorischen Elemente Ethos, Logos und Pathos erklären und analysieren können
- bestimmte Kennzeichen politischer Reden beschreiben können
- manche der nun bekannten rhetorischen Mittel in Ihren eigenen Reden einsetzen können

Intertextualität

In den 1960er Jahren entwickelte die bulgarisch-französische Literaturtheoretikerin **Julia Kristeva** das Konzept der Intertextualität. Vereinfacht dargestellt lautet die Annahme, dass kein Text innerhalb einer Kultur (deren Begriff problematisch zu definieren ist) ohne Bezug zu anderen, vorhergegangenen Texten existieren kann. Für die Literatur bedeutet dies, **dass sich Texte in verschiedenen Formen aufeinander und/oder auf bestimmte kulturelle Phänomene beziehen können.**

A6 Lesen Sie den Ausschnitt aus dem Interview mit Julia Kristeva. Können Sie aufgrund der Aussagen den Unterschied zwischen Intertextualität und Plagiat erklären?

Seitenweise Text abschreiben – das ist keine Intertextualität

Von Brigitte Preissler | 18.03.2010

Julia Kristeva: Das Problem ist, dass das Recht zu zitieren, und auch die Urheberrechte an einer kulturellen Schöpfung oder einem Kunstwerk, aufgrund verschiedener Tendenzen des Markts und des Internets heute nicht mehr gewährleistet sind. Es ist sehr leicht geworden, abzuschreiben oder etwas nachzumachen und die Komposition dann als eigene auszugeben - ohne besondere Eingriffe, durch bloßes Copy & Paste. Das ist meiner Meinung nach einer der schwächsten Aspekte moderner Kultur, und es bedeutet für unseren Begriff von Kreativität eine enorme Krise.

Die Welt: In der jüngsten, vierten Ausgabe von „Axolotl Roadkill“ hat Hegemanns Verlag, Ullstein, eine Liste ihrer Quellen veröffentlicht, ergänzt durch die folgende Bemerkung: „Dieser Roman folgt in Passagen dem ästhetischen Prinzip der Intertextualität und kann daher weitere Zitate enthalten.“ Kommt die Idee der Intertextualität nicht in dem Moment an ihre Grenzen, wo sie als Rechtfertigung für die Missachtung geistigen Eigentums herhalten muss?

Kristeva: Ich kenne diesen speziellen Roman nicht. Es kommt darauf an, wie die entnommenen Teile benutzt werden, und ob sie in etwas Originelles, Spezielles integriert werden, das über bloßes Copy & Paste hinausgeht. Ich kann mir kein Urteil über etwas bilden, das ich nicht kenne.

Die Welt: Helene Hegemann hat jedenfalls zugegeben, dass sie abgeschrieben hat, und erst im Nachhinein ihre Quellen offenbart.

Kristeva: Wenn die Passagen sehr lang sind und nicht in einer besonderen, persönlichen Art und Weise eingebaut wurden, ist es mechanischer Diebstahl, bloßes Copy & Paste. Aber das ist schwer zu sagen. Es hängt von der Quantität ab. Wenn jemand mehr als einen Satz oder ein Thema aufgreift und seitenweise Text entnimmt, ohne zuzugeben, dass es nicht der eigene ist, dann ist das keine Intertextualität.

Die Welt: Intertextualität ist seit vielen Jahren ein gängiger Begriff in den akademischen Debatten. Wie der Fall Hegemann zeigt, scheint im Bereich der journalistischen Kritik und des

Intertextualität?

Feuilletons dagegen eher die Idee geistigen Eigentums zu dominieren. Wie beurteilen Sie diese Diskrepanz?

Kristeva: [...] Was ist authentisch? Wir haben in der modernen Schriftkultur einerseits viele Einflüsse durch das Internet, durch Mail, Blogs, Facebook und so weiter, die die Unversehrtheit geistigen Eigentums in Frage stellen können. Andererseits müssen jedem kreativen Menschen die Möglichkeit und das Recht vorbehalten bleiben, einen eigenen, einen besonderen Stil zu haben. Wie finden wir wieder zu einem harmonischen Gleichgewicht zwischen der Vorstellung „alles ist möglich“ und einer kreativen Persönlichkeit, die ihren Frieden findet und sagen kann: Das bin ich? Dieses Gleichgewicht muss erst wieder hergestellt werden.

QUELLE: https://www.welt.de/welt_print/kultur/article6825629/Seitenweise-Text-abschreiben-das-ist-keine-Intertextualitaet.html; (abgerufen am 22.09.2017)

A7 Lesen Sie nun den folgenden Ausschnitt aus poeticon. Ergänzen Sie Ihre Überlegungen aus A6. Sie können auch den gesamten Eintrag unter http://www.poeticon.net/intertextualitat/ lesen.

Intertextualität

Intertextualität bezeichnet die Eigenschaft von Texten, auf andere Texte zu verweisen, untereinander in einem Verhältnis zu stehen oder ineinander verwoben zu sein. Diese Beziehungen können explizit markiert werden oder sind implizit vorhanden. Beim Schreiben stellt sich entsprechend die Frage, wie sehr man die Beziehungen eines Textes, an dem man arbeitet (Phänotext), zu anderen Texten, die diese Arbeit mitbestimmen (Genotexte), explizit machen möchte. Genotexte können dem Phänotext als Prätexte vorausgehen, als Subtexte zugrunde liegen oder schlicht als Kontexte mitgegeben sein. Die Frage, ob und wie die Beziehungen zwischen den bearbeiteten und den erarbeiteten Texten markiert oder nicht markiert werden, stellt sich im Schreibprozess immer wieder von neuem. So können Zitate – die offensichtlichsten intertextuellen Versatzstücke in einem Text – in Anführungszeichen gesetzt und gegebenenfalls mit Quellenangabe versehen werden. Intertextualität ist in diesem Fall deutlich markiert. Intertextualität kann aber auch unmarkiert bleiben, woraus sich für die Lektüre andere Konsequenzen ergeben: Die Verweisstruktur bleibt entweder unentdeckt oder wird erst nach und nach erschlossen. Je nach Art und Grad der Markierung oder des Spiels damit können mögliche Wirkungsweisen eines Textes bereits beim Schreiben intendiert werden: Entdeckung von verwandten Problem- oder Phänomenkonstellationen, Legitimation des eigenen Zugriffs, Ironisierung der Vorlage, Provokation von Geheimwissen, Kontextualisierung der eigenen Arbeit etc. Die Grenze zum Plagiat wird dort überschritten, wo die Urheberschaft eines Textes einklagbar wird.

QUELLE: http://www.poeticon.net/intertextualitat/; (abgerufen am 12.05.2017)

A 8 Überprüfen Sie, ob Sie die Bedeutung der einzelnen Begriffe verstanden haben:

Sie schreiben einen Text, der sich in irgendeiner Form auf einen anderen Text bezieht.
Der Text, den Sie gerade schreiben, heißt
- Genotext
- Intertext
- Phänotext
- Subtext

Der Text, auf den sich Ihr Text bezieht, heißt
- Genotext
- Phänotext
- Supertext
- Intertext

Merkenswert:
Prätext, Subtext, Kontext

Die drei Begriffe bezeichnen Texte, die einem noch zu verfassenden Text als Prätexte zugrunde liegen. Auf den **Prätext** wird explizit Bezug genommen, z. B. in Form eines Zitats. Der **Subtext** wird implizit verarbeitet (aber nicht verheimlicht!), während der Begriff **Kontext** Einflüsse beschreibt, die oft der Verfasserin bzw. dem Verfasser nicht bewusst sind.

Prätext: Text, der zusammengefasst wird
Roman, der Gegenstand einer Rezension ist
Film, den man einer Freundin bzw. einem Freund empfiehlt

Subtext: Aufzeichnungen aus dem Unterricht, die Lerngrundlage für einen Test sind Nachrichtensendung, aufgrund derer eine Diskussion entsteht

Kontext: Streit, aufgrund dessen man traurig ist
politische und gesellschaftliche Ereignisse, aufgrund derer eine bestimmte Form von Literatur entsteht

Zwischenstopp

Sie sollten jetzt folgende Teilkompetenzen erworben haben:
- den Begriff Intertextualität erklären und darüber sprechen können
- mit Texten zum Thema Intertextualität umgehen können
- die Begriffe Prätext, Subtext und Kontext voneinander unterscheiden und erklären

Stilistische Elemente in unterschiedlichen Textsorten

Die Maturatextsorten stellen, wie Sie schon wissen, unterschiedliche Anforderungen an Sie, beispielsweise auch, verschiedene stilistische Stilmittel und Elemente einzusetzen, um einen interessanten, klaren und passenden Text zu verfassen. Da manche dieser Elemente in mehreren Maturatextsorten vorkommen, sollten Sie mit diesen vertraut sein und ein sprachliches Repertoire zur Verfügung haben, auf welches Sie beim Verfassen Ihrer Texte zurückgreifen können.

Der Appell

Der Appell ist eine Aufforderung zur Tat, in Aktion zu treten oder gegen etwas einzutreten bzw. sich zu wehren. In jedem Fall muss er Überzeugungskraft besitzen, um Ihre Leserschaft oder Ihr Publikum dazu zu bringen, gerade Ihrer Aufforderung zu folgen.

A9 Markieren Sie in der folgenden Übung die Satzanfänge bzw. Satzteile, die sich gut für das Verfassen eines Appells eignen. Argumentieren Sie bei den anderen, warum man diese besser nicht verwenden sollte.

a. Der Appell an Sie alle ist, dass ...
b. Lassen Sie uns alle gemeinsam ...
c. Unterstützen Sie mit Ihren Handlungen ...
d. Machen Sie nicht den Fehler wie alle anderen ...
e. Es bleibt Ihnen nichts übrig außer ...
f. Mit voller Überzeugung bitte ich Sie heute darum ...
g. Sie werden mir zustimmen, dass ...
h. In Hinsicht auf ... ist es unumgänglich ...

A10 Finden Sie zu zweit mindestens fünf weitere Formulierungen, die sich für Appelle eignen.

Die Verstärkung und die Übertreibung

Um Leserinnen und Leser von Ihren Ansichten zu überzeugen, kann es von Vorteil sein, verstärkende oder sogar übertriebene Formulierungen zu verwenden. Dies gilt natürlich nur, solange diese Formulierungen sich nicht „zu weit aus dem Fenster lehnen“ und unglaubwürdig werden.

A11 Lesen Sie die folgenden Formulierungen und entscheiden Sie, ob es sich um eine Verstärkung oder um eine Übertreibung handelt.

a. Alle Mitglieder unserer Gesellschaft haben das Recht auf ein sorgenfreies Leben.
b. Tun Sie es nicht heute, tun Sie es jetzt!
c. Heute geht es vielfach nur mehr um schneller, höher und weiter.
d. Das Beste ist gerade gut genug.
e. In keiner Sekunde habe ich an dir gezweifelt.
f. Das ist nicht nur passend, sondern genau passend.
g. Die Diskussion erwies sich als besonders relevant.
h. Das Smartphone stellt eine ständige Unruhequelle dar.
i. Solch ein Ergebnis hatte niemand erwartet.

A12 Schlagen Sie Ihrer Partnerin oder Ihrem Partner Verbesserungen für die folgenden eher unglücklichen Formulierungen vor.

a. Keiner kommt heute mehr ohne soziale Netzwerke aus.
b. Ein überaus höchst interessanter Aspekt des Werkes ist das Verhältnis der beiden sozialen Klassen.
c. Die Politik könnte alle Probleme lösen, wenn sie es nur wollte.
d. Im Bereich der Bildung sollten Lehrpersonen im Detail viel genauer auf jede einzelne Schülerin und jeden einzelnen Schüler eingehen.
e. Mit etwas mehr Transparenz hinsichtlich der Steuergelder wäre uns allen geholfen.
f. Insbesondere die Wichtigkeit der Hauptperson des Stückes muss dabei hervorgehoben werden.

Die Argumentation und die Begründung

Argumentation und Begründung gehören zu den Fertigkeiten, die nahezu alle Textsorten Ihnen abverlangen. Hier besteht das Problem darin, dass es „Fallen" gibt, in die selbst erfahrene Schreiberinnen und Schreiber gerne tappen.

Der Zusammenhang zwischen Argument und Begründung ist unklar oder fehlt

A13 Lesen Sie die folgenden Argumente und ihre Begründungen und erklären Sie, inwiefern die beiden nicht zusammenpassen.

a. Patchworkfamilien machen heute einen großen Anteil der österreichischen Familien aus und Alleinerziehende werden nicht mehr schief angeschaut. Dennoch muss gesagt werden, dass die Eltern eines Kindes Wert darauf legen sollten, ihre Beziehung zu pflegen.
b. Schönheitsoperationen haben an Beliebtheit sichtlich zugenommen, besonders bei den jüngeren Generationen. Meist werden zwar noch immer von den Betroffenen als Beeinträchtigungen empfundene Makel operiert, aber immer öfter geht es auch um eine reine „Behübschung".
c. Es hat sich als vorteilhaft erwiesen, in Seniorenheimen verschiedenste Aktivitäten anzubieten, da die Bewohnerinnen und Bewohner sich mehr bewegen und sich wohler fühlen. Die mentalen Fähigkeiten zu fördern ist ebenso wichtig, weil dies den körperlichen Zustand extrem beeinflusst.

A14 Korrigieren Sie die oben verwendeten Beispiele, indem Sie sie passend umschreiben.

Eigene Erfahrungen werden zur Beweisführung herangezogen

Leider können Sie von Ihren persönlichen Erfahrungen nicht auf die Allgemeinheit schließen. Zwar ist es oft passend, ein persönliches (relevantes) Beispiel anzuführen, aber Sie sollten darauf achten, diese Aussagen nicht als Beweise für Ihre Thesen heranzuziehen.

A15 Entscheiden Sie, welche Argumente gut verfasst sind und welche noch überarbeitet werden sollten. Machen Sie anschließend Vorschläge, wie eine solche Überarbeitung aussehen könnte.

a. Die Hauptaussagen eines Textes herausfiltern und diese in eigenen Worten wiedergeben zu können gehört zu den wichtigsten Fähigkeiten im Umgang mit Sachtexten und Literatur. Ich habe immer viel gelesen und es fällt mir daher leicht, Texte zusammenzufassen.
b. Es kann sehr gefährlich sein, Urlaube und Abwesenheiten in sozialen Netzwerken bekannt zu geben, da Kriminelle diese Informationen oft nützen, um in Wohnungen und Häuser einzubrechen. Genau diesen Fehler machte die Familie meines Bruders, was dazu führte, dass die Versicherung den Schaden mit der Begründung, er habe fahrlässig gehandelt, nicht übernahm.
c. Durch die Teilnahme mit meinem Team an zahlreichen Wettbewerben konnte ich viel Erfahrung im Profi-Sport sammeln. Man kann Jugendlichen daher sehr empfehlen, von Kindheit an Vereinssportarten teilzunehmen, wenn sie eines Tages Sport professionell ausüben wollen.

Das Resümee

Um der Leserschaft das Wichtigste ein letztes Mal vor Augen zu führen, versucht man am Ende vieler Textsorten, die Hauptaussagen des Inhalts in wenigen Sätzen wiederzugeben und eine Botschaft zu formulieren, also **ein Resümee zu ziehen**. Dies kann mithilfe unterschiedlicher sprachlicher Formulierungen erfolgen.

A 16 Markieren Sie die Formulierungen, die Ihnen zum Verfassen eines Resümees geeignet erscheinen. Weshalb sind die anderen Formulierungen nur begrenzt geeignet?

a. Schließlich und endlich denke ich …
b. Zusammenfassend kann gesagt werden …
c. Der bedeutendste Aspekt scheint mir …
d. Zum Abschluss möchte ich sagen …
e. Von außen betrachtet bleibt zu sagen …
f. In Hinblick auf die Gesamtheit der vorgebrachten Punkte …
g. Was ich noch in Erinnerung rufen wollte …
h. Generell kann man folgern, dass …

A 17 Erstellen Sie eine Liste mit mindestens fünf weiteren Formulierungen zum Verfassen eines Resümees.

Zwischenstopp

Sie sollten jetzt folgende Teilkompetenzen erworben haben:

- in Zuge des Verfassens einer Textsorte rhetorische Stilmittel wie Übertreibungen und Verstärkungen anwenden können
- beim Verfassen von Textsorten passend appellieren und argumentieren können
- sprachliche Formulierungen zum Resümieren in Ihren Texten anwenden können

Axolotl Roadkill: Copy and Paste im Internetzeitalter

Im Jahr 2010 erschien Helene Hegemanns erster Roman, *Axolotl Roadkill*, der unabhängig von seinem Inhalt eine lange Zeit **Gegenstand heftiger öffentlicher Auseinandersetzungen** wurde. Zunächst wird der Debutroman der damals 18-jährigen Hegemann **als literarische Sensation** gefeiert:

Helene Hegemann hat mit ihrer Geschichte von der Schwelle zwischen Wahn und Wirklichkeit dieses Gefühl als Atmosphäre eingefangen. Locker die literarische Ahnenreihe aufrufend – von „Bonjour Tristesse" über den „Fänger im Roggen" bis zu „Faserland" –, kühl die Weisheiten der Popkultur gespiegelt, abgemischt mit dem Sound zur Schau gestellter Introvertiertheit und eingerahmt in ironische Lässigkeit: „Axolotl Roadkill" kann man als großen Coming-of-age-Roman der Nullerjahre lesen.

Damit hat Helene Hegemann vor allem eins geschafft: Die plattgeredeten Wörter, die angestrengt alternativen Attitüden in Kunst, Kritik, Kleidung und die dahinter versteckten, vorsichtig eingezäunten Erwartungen, all das, was schon hundertmal gedacht, gesagt, getan und getragen wurde, hat sie aufgesogen, gebündelt und in etwas ganz Neues, Unerhörtes verwandelt, in den Ansatz zu einer Literatur, die nicht trotz, sondern wegen ihrer Härte, Brutalität und Vulgarität schön ist. Helene Hegemann zielt mit ihrem Buch mitten in den Kern unserer Konsenskultur.

QUELLE: http://www.faz.net/aktuell/feuilleton/buecher/rezensionen/belletristik/helene-hegemann-axolotl-roadkill-mir-zerfallen-die-worte-im-mund-wie-schlechte-pillen-1913572-p2.html; (abgerufen am 22.09.2017)

A 18 Recherchieren Sie in einem Literaturlexikon die drei Werke, mit denen *Axolotl Roadkill* in Verbindung gebracht wird. Inwiefern wird Helene Hegemann dadurch besonders ausgezeichnet?

A 19 Lesen Sie die Kritiken, die Sie unter http://www.faz.net/aktuell/feuilleton/buecher/helene-hegemanns-axolotl-roadkill-glauben-lieben-hassen-1911200-p2.html und http://www.tagesspiegel.de/kultur/literatur/rezension-axolotl-roadkill-ich-ist-ein-drogentrip/1669326.html finden, und analysieren Sie diese gemeinsam mit dem Zitat aus der *Frankfurter Allgemeinen Zeitung* unter den angegebenen Gesichtspunkten. Gestalten Sie Flipchart-Poster, um die Gemeinsamkeiten bzw. Unterschiede besser visualisieren zu können.

- Welche positiven Aspekte des Romans selbst werden hervorgehoben?
- Welche Rolle spielt Ihrer Meinung nach die Autorin selbst bei der Beurteilung ihres Werks?
- Welche Kriterien werden herangezogen, um das Werk zu bewerten?
- Welchen Eindruck haben Sie persönlich gewonnen – fühlen Sie sich von den Kritiken zum Lesen angeregt? Begründen Sie Ihre Antwort(en).

Es stellt sich jedoch bald heraus, dass die Eigenständigkeit des Romans zumindest in Zweifel gezogen werden muss: Der **Blogger Deef Pirmasens** analysiert online (http://www.gefuehlskonserve.de/axolotl-roadkill-alles-nur-geklaut-05022010.html) Textstellen aus *Axolotl Roadkill*, die offenbar ohne Angabe eines Zitats aus einem anderen Werk übernommen worden waren. Dies war der Anstoß zu einer heftigen Debatte über **Plagiate**, **Intertextualität** und **geistiges Eigentum**.

Tipp

Open Space Learning

Das Prinzip des **Open-Space-Learnings** basiert auf der Annahme, dass eine bestimmte Gruppe von Lernenden über ausreichende Kenntnisse verfügt, die sie befähigen, eine klar definierte Aufgabenstellung zu bearbeiten. Dabei können die einzelnen Personen ihre Arbeitszeit, ihre Arbeitsmethoden und ihre Mittel zum Erreichen des Ziels frei wählen, weil sie selbst am besten einschätzen können, welche Stärken sie haben. **Vorgegeben sind die Aufgabenstellung und der Zeitrahmen.**

A 20 Visualisieren Sie in einer Open-Space-Learning-Sequenz die Debatte um *Axolotl Roadkill* und den Vorwurf des Plagiats. Es soll deutlich werden, welche Fragen aufgeworfen wurden, welche Strategien der Ullstein-Verlag und die Autorin selbst verfolgten und wie die Öffentlichkeit reagierte. Die Form der Visualisierung ist Ihnen überlassen.

Zwischenstopp

Sie sollten jetzt folgende Teilkompetenzen erworben haben:

- die Begriffe Intertextualität und Plagiat unterscheiden können
- unterschiedliche Aspekte einer öffentlichen Debatte reflektieren können
- die Rolle Neuer Medien in der Literatur kennen

Axolotl Roadkill

Ein Axolotl ist ein Schwanzlurch, der in Mexiko beheimatet ist. Sein Name leitet sich aus den aztekischen Begriffen „atl“ (Wasser) und „Xolotl“ (ein Aztekengott) ab.

A 21 Lesen Sie den Roman *Axolotl Roadkill* von Helene Hegemann.

A 22 Wenn Sie die Arbeitsaufträge A18–A19 bearbeitet haben: Diskutieren Sie, ob Sie den grundsätzlich positiven Kritiken zum Roman zustimmen können.

A 23 Lesen Sie den Ausschnitt aus *Axolotl Roadkill.* Beschreiben Sie sprachliche Auffälligkeiten. Kommentieren Sie die Rolle von Lars.

Helene Hegemann: **Axolotl Roadkill**

Als Lars, unser Nachbar, Graphikdesign in London studiert hat, fotographierte er im Rahmen des Projekts Intimacy Muscheln von innen und begründete diese zugegebenermaßen beschissene Idee damit, dass der Innenraum einer Muschel viel mit der Anatomie und dem Muskelaufbau des Menschen zu tun habe und so.

Mifti *(schockiert)*: Bitte?

Lars: Nein, ich habe das dann halt damit begründet, dass eine Muschel von innen … Ich weiß auch nicht so genau, die Struktur vom Inneren einer Muschel hat was total Intimes.

Mifti: Und das hast du abgegeben? Das ist wirklich ziemlich große Scheiße!

Lars: Der Typ hat auch gedacht, ich hätte ihn verarscht, krass oder?

Mifti: Du kannst als deutscher Veganer mit überdurchschnittlich großen Ohrlöchern keine Muscheln abgeben, wenn du in London Graphikdesign studierst.

Lars: Was hättest du denn abgegeben?

Mifti: Keine Ahnung, ich hätte wahrscheinlich Filmstills aus Intimacy abfotographiert.

Lars: Nein, jetzt sag mal ehrlich.

Mifti: Ich hätte Haut fotographiert. Ich hätte einen ganzen 35-mm-Film mit Hautunreinheiten abgegeben. Oder Intimpiercings.

QUELLE: Hegemann, Helene: Axolotl Roadkill. Berlin: Ullstein 2010. S. 91.

A 24 Die folgenden Zitate sind Aussagen von Schülerinnen und Schülern, die das Buch *Axolotl Roadkill* gelesen haben. Notieren Sie zu jeder Aussage am Rand, auf welchen Aspekt sich die Aussage bezieht, und ob Sie der Aussage zustimmen können.

Ehrlich gesagt, hab inzwischen gar keine Lust mehr, über das Buch zu reden, weil es mir echt auf die Nerven geht. Aber was soll's. Die Autorin Helene Hegemann ist so alt wie wir und total erfolgreich. Sie war in jeder Fernsehshow und in jeder Zeitung. Ich hab sie auf Youtube gesehen bei – ähm, wie hieß der – bei Harald Schmidt. Sonderbare Sendung. Es gibt jedenfalls den totalen Hype um die, und ich frag mich, ob das am Buch liegt oder an ihrem Alter oder am Thema. Ich hab jedenfalls keinen roten Faden gefunden, keinen Spannungsbogen, nichts, worauf das hinausläuft. Man merkt irgendwie, dass man es mit einer schwer pubertierenden Person zu tun hat.

Und enden tut das Buch mit einem komischen Brief. [...] Es geht um Abschaum, Krätze und Verachtung. Na ja, der Brief, also den hat, wie man jetzt weiß, leider gar nicht die Hegemann geschrieben. Das ist ein Song von der Band „Archive“, den sie einfach übersetzt hat. Keine Ahnung, was das soll.

[...] also die weiß, dass sie Mist geschrieben hat, und denkt sich: Hi hi, ihr kauft’s ja trotzdem.
[...] Ich trau dieser Autorin gar nicht zu, das Buch bewusst so schlecht geschrieben zu haben. [...] Die kann das ja gar nicht ernsthaft verteidigen, weil’s so schlecht ist. Also für mich jedenfalls.

[...] ein Freund von mir, der hat’s gelesen, und was der so unsympathisch fand, waren diese angeblichen Tabubrüche. Die sind so berechnet, dass sie letztlich nur anbiedernd sind, sagt er.

Aber mir kommt es auch so vor, als ob alle jetzt eifersüchtig wären. Weil die die Erste ist, mit so einem coolen Berlin-Buch. Für den Hype kann die ja nichts. Ich jedenfalls bin auf alle Fälle ziemlich neidisch. Ich hätte auch gern so was geschrieben, was dann alle lesen. So geht’s bestimmt vielen jungen Leuten.

Die Hauptfigur besitzt keine Leidenschaft mehr. Die hat alles Kindliche oder Jugendliche abgelegt. Vielleicht ist es ja deshalb so langweilig. Es geht immer nur um die Sinnlosigkeit von allem. Wofür lebt diese Mifti eigentlich? Man liest das mit einem totalen Widerwillen.

Es klingt auch alles so blöd. Das ist doch keine Sprache!

Sie pumpt die Sätze mit lauter Fremdwörtern auf und will damit wohl ihre Überlegenheit zeigen. Ich glaub aber nicht, dass eine Übersetzung irgendeinen Sinn ergeben würde. Und dann diese komische Jugendsprache. Ich hab jedenfalls nie einen gehört, der ernsthaft so sprechen würde. Außer vielleicht als Verarschung.

Die bricht so viele Tabus wie möglich. Das ist, als ob du Essen machst, und da kommt ein Brei raus, der scheiße schmeckt, und in den tust du dann tonnenweise Salz, damit das keiner merkt. Aber es scheint zu funktionieren. Das zeigt das Pharisäertum der Lesergemeinschaft.

[...] das Dumme ist: Jetzt geht der Jugendhype so richtig los, jetzt schreiben die 14-Jährigen die Schocker, und wir sind längst zu alt dafür.

QUELLE: http://www.tagesspiegel.de/kultur/literatur/axolotl-roadkill-rufschaedigend-ist-das/1722492.html; (abgerufen am 18.04.2017)

A 25 Verfassen Sie einen Essay (siehe *sprachreif 3*, S. 169) von 270–330 Wörtern, in dem Sie auf die Frage eingehen, weshalb die Bewertungen von *Axolotl Roadkill* so unterschiedlich ausgefallen sind. Vergleichen Sie dazu die Aussagen von Seite 114–115 und die Kritik auf Seite 112.

Zwischenstopp

Sie sollten jetzt folgende Teilkompetenzen erworben haben:

- Ihre eigene Meinung über ein Werk der Gegenwartsliteratur fundiert erläutern können
- ein Phänomen der Gegenwartsliteratur kennen lernen
- Beziehungen zwischen ästhetischer Welt und Realität problematisieren können

Zitate sinnvoll auswählen

Besonders beim Verfassen der Textsorten **Textanalyse** und **Textinterpretation**, die ihren Fokus auf der Betrachtung eines Ausgangstextes haben, wird es immer wieder nötig sein, aus dem Inputtext Zitate auszuwählen, um Ihre Analyse zu stützen und mit Beispielen zu belegen. Dabei sind das **gezielte Aussuchen der Zitate** und das **Einbauen** derselben in Ihren eigenen Text nicht immer ganz einfach und erfordern ein wenig Übung.

Tipp

Auswahl von Zitaten

- Wählen Sie tendenziell kürzere Zitate aus, meist sind diese prägnanter und bringen die Dinge besser auf den Punkt.
- Verwenden Sie nicht übermäßig viele Zitate, ansonsten wird es Ihnen schwerfallen, eigene Gedanken einzubringen.
- Ein Zitat genügt völlig, um einen Aspekt zu illustrieren oder zu belegen. Führen Sie nicht zwei Textbeispiele an, um eine These zu belegen.
- Das Zitat sollte so deutlich mit dem von Ihnen besprochenen Aspekt zusammenhängen, dass diese Verbindung auch ohne lange Erklärung ersichtlich ist.
- Erklären Sie nicht, was in dem Zitat steht, sondern erklären Sie, weshalb das Zitat ein gutes Beispiel für den angesprochenen Bereich ist.

A 26 Lesen Sie den Auszug aus Georg Büchners naturalistischem Dramafragment *Woyzeck* und unterstreichen Sie Zitate, die zu den folgenden Aspekten passen:

- Verhältnis des Hauptmanns zu Woyzeck
- Sprachliche Auffälligkeiten
- Charakter des Hauptmannes
- Eigenschaften Woyzecks

Infobox:

Woyzeck von Georg Büchner
In dem bekannten Fragment Büchners geht es um den Soldaten Woyzeck, dessen Geliebte ein Kind von ihm erwartet. Um bald finanziell für sein Kind sorgen zu können, übt Woyzeck neben seiner Arbeit noch weitere Tätigkeiten aus, wie zum Beispiel sich für Experimente durch den Doktor zur Verfügung zu stellen. Woyzecks Geliebte allerdings hält ihm nicht die Treue, sondern betrügt Woyzeck. Als Woyzeck das herausfindet, treibt ihn das Wissen gemeinsam mit den Auswirkungen der Experimente in den Wahnsinn und er ermordet seine Geliebte.

Georg Büchner: ***Woyzeck***

Beim Hauptmann

Hauptmann auf dem Stuhl, Woyzeck rasiert ihn.

Hauptmann: Langsam, Woyzeck, langsam; eins nach dem andern! Er macht mir ganz schwindlig. Was soll ich dann mit den 10 Minuten anfangen, die Er heut zu früh fertig wird? Woyzeck, bedenk Er, Er hat noch seine schönen dreißig Jahr zu leben, dreißig Jahr! Macht dreihundertsechzig Monate! und Tage! Stunden! Minuten! Was will Er denn mit der ungeheuren Zeit all anfangen? Teil Er sich ein, Woyzeck!

Woyzeck: Jawohl, Herr Hauptmann.

Hauptmann: Es wird mir ganz angst um die Welt, wenn ich an die Ewigkeit denke. Beschäftigung, Woyzeck, Beschäftigung! Ewig: das ist ewig, das ist ewig – das siehst du ein; nur ist es aber wieder nicht ewig, und das ist ein Augenblick, ja ein Augenblick – Woyzeck, es schaudert mich, wenn ich denke, daß sich die Welt in einem Tag herumdreht. Was 'n Zeitverschwendung! Wo soll das hinaus? Woyzeck, ich kann kein Mühlrad mehr sehen, oder ich werd melancholisch.

Woyzeck: Jawohl, Herr Hauptmann.

Hauptmann: Woyzeck, Er sieht immer so verhetzt aus! Ein guter Mensch tut das nicht, ein guter Mensch, der sein gutes Gewissen hat. – Red er doch was Woyzeck! Was ist heut für Wetter?

Woyzeck: Schlimm, Herr Hauptmann, schlimm: Wind!

Hauptmann: Ich spür's schon. 's ist so was Geschwindes draußen: so ein Wind macht mir den Effekt wie eine Maus. – Pfiffig: Ich glaub', wir haben so was aus Süd-Nord?

Woyzeck: Jawohl, Herr Hauptmann.

Hauptmann: Ha, ha ha! Süd-Nord! Ha, ha, ha! Oh, Er ist dumm, ganz abscheulich dumm! – Gerührt: Woyzeck, Er ist ein guter Mensch – aber – Mit Würde: Woyzeck, Er hat keine Moral! Moral, das ist, wenn man moralisch ist, versteht Er. Es ist ein gutes Wort. Er hat ein Kind ohne den Segen der Kirche, wie unser hocherwürdiger Herr Garnisionsprediger sagt – ohne den Segen der Kirche, es ist nicht von mir.

Woyzeck: Herr Hauptmann, der liebe Gott wird den armen Wurm nicht drum ansehen, ob das Amen drüber gesagt ist, eh er gemacht wurde. Der Herr sprach: Lasset die Kleinen zu mir kommen.

Hauptmann: Was sagt Er da? Was ist das für eine kuriose Antwort? Er macht mich ganz konfus mit seiner Antwort. Wenn ich sag': Er, so mein' ich Ihn, Ihn –

Woyzeck: Wir arme Leut – Sehn Sie, Herr Hauptmann: Geld, Geld! Wer kein Geld hat – Da setz einmal eines seinesgleichen auf die Moral in der Welt! Man hat auch sein Fleisch und Blut. Unsereins ist doch einmal unselig in der und der andern Welt. Ich glaub', wenn wir in Himmel kämen, so müßten wir donnern helfen.

Hauptmann: Woyzeck, Er hat keine Tugend! Er ist kein tugendhafter Mensch! Fleisch und Blut? Wenn ich am Fenster lieg', wenn's geregnet hat, und den weißen Strümpfen nachseh', wie sie über die Gassen springen – verdammt, Woyzeck, da kommt mir die Liebe! Ich hab' auch Fleisch und Blut. Aber, Woyzeck, die Tugend! Die Tugend! Wie sollte ich dann die Zeit rumbringen? Ich sag' mir immer: du bist ein tugendhafter Mensch – gerührt: –, ein guter Mensch, ein guter Mensch.

Woyzeck: Ja, Herr Hauptmann, die Tugend – ich hab's noch nit so aus. Sehn Sie: wir gemeine Leut, das hat keine Tugend, es kommt nur so die Natur; aber wenn ich ein Herr wär und hätt' ein' Hut und eine Uhr und eine Anglaise und könnt' vornehm reden, ich wollt' schon tugendhaft sein. Es muß was Schönes sein um die Tugend, Herr Hauptmann. Aber ich bin ein armer Kerl!

Hauptmann: Gut, Woyzeck. Du bist ein guter Mensch, ein guter Mensch. Aber du denkst zuviel, das zehrt; du siehst immer so verhetzt aus. – Der Diskurs hat mich ganz angegriffen. Geh jetzt, und renn nicht so; langsam, hübsch langsam die Straße hinunter!

QUELLE: http://gutenberg.spiegel.de/buch/woyzeck-419/3; (abgerufen am 02.06.2017)

Zitate in Texte einbauen

Zitate in Texte einzubauen bedeutet nicht, diese einfach als eigenständiges Argument an Ihre These anzuhängen. Stellen aus dem Originaltext sollten in Ihren Text eingebaut sein und ihre Bedeutung genau erklärt werden.

Sprachwerkzeug: Zitate in Texte einbauen

Wie an der Textstelle … erkannt werden kann, …
Der Satz … zeigt deutlich, dass …
Die Eigenschaft des Charakters … wird in dem Satz ... beschrieben.
Das Verhältnis der beiden Charaktere kann an mehreren Stellen deutlich aus dem Text herausgelesen werden, zum Beispiel …
Ein Beispiel für das Stilmittel … wäre …
Sprachlich auffällig ist …, besonders gut erkennbar an …
Anhand der Beispiele … und … kann abgelesen werden …

A 27 Lesen Sie die folgenden wenig gelungenen Analysen mit den dazugehörigen Textstellen und verbessern Sie sie.

a. In dem Textausschnitt kommen mehrere Tautologien, also Erklärungen mit demselben Wort, das erklärt werden soll, vor. Zum Beispiel „Ewig: das ist ewig, das ist ewig".
b. Der Hauptmann sagt: „Ha, ha, ha! Oh, Er ist dumm, ganz abscheulich dumm!". Er scheint ein unfreundlicher und hochnäsiger Mensch zu sein.
c. Der Soldat Woyzeck drückt sich einfach aus, was auf seinen niedrigen sozialen Status hinweist. So sagt er: Herr Hauptmann, der liebe Gott wird den armen Wurm nicht drum ansehen, ob das Amen drüber gesagt ist, eh er gemacht wurde.
d. Woyzeck und der Hauptmann befinden sich in unterschiedlichen sozialen Klassen. Das zeigt sich im Gespräch. Woyzeck erwidert oftmals: „Jawohl, Herr Hauptmann."

Das Urheberrecht

Seit der rasanten technologischen Entwicklung der neuen Medien ist das Thema des Urheberrechts und wem etwas wie lange gehört bzw. wer es unter welchen Voraussetzungen wie verwenden darf, immer mehr in den Fokus gerückt. Das Urheberrecht gibt üblicherweise darüber Auskunft, wer der Autor oder Schaffende eines Werkes war und dementsprechend auch die Rechte daran besitzt. Ohne Genehmigung des „Eigentümers" dürfen weder Bilder noch Texte noch Programme verwendet werden.

A 28 Recherchieren Sie, welche Richtlinien in Hinsicht auf das Urheberrecht für folgende Aspekte gelten: Gültigkeit des Urheberrechts, kommerzielle/ private Verwendung, Nutzungserlaubnis

Wer das geistige Eigentum anderer ohne Erlaubnis und ohne Quellenangabe verwendet, macht sich eventuell sogar strafbar. Im schulischen Kontext geht es meist weniger um strafbare Handlungen, sondern eher um das Unterlassen der Kennzeichnung geistigen Eigentums, also um das **Plagiat**. Plagiate lassen sich durch richtiges Zitieren vermeiden.

y3i2hb

A 29 Besuchen Sie die Webseite unter dem Link http://www.ahs-vwa.at/pluginfile.php/2983/mod_page/content/51/Richtig%20zitieren_AKT.pdf und beantworten Sie mit Hilfe des Dokuments folgende Fragen zum Thema Zitieren:

- Was ist die Funktion von Zitaten?
- Wie werden Auslassungen in Zitaten angezeigt?
- Wie gehen Sie damit um, wenn sich Fehler im Originaltext finden?
- Dürfen Sie die Zitierweise innerhalb einer Arbeit variieren?

Youtube und das Urheberrecht

Gerade die Neuen Medien erlauben es uns, relativ einfach an alle möglichen Informationen zu gelangen. Youtube ist besonders für jüngere Generationen ein interessantes Medium, das allerdings in vielen Fällen Beiträge enthält, die das Urheberrecht verletzen. Um sich nicht selbst in Schwierigkeiten zu bringen, sollten Sie wissen, was erlaubt ist und was nicht.

k49c6r

A 30 Lesen Sie unter dem Link https://www.saferinternet.at/news/news-detail/article/9-rechtliche-fragen-zu-youtube-was-ist-erlaubt-was-nicht-582/ den Text zu rechtlichen Fragen hinsichtlich der Verwendung von Youtube. Diskutieren Sie anschließend mit Ihrer Partnerin oder Ihrem Partner, was Ihnen neu war, was Sie erstaunt hat und was Ihnen bereits bekannt war.

Verletzung des Urheberrechtes

Bei Verletzungen des Urheberrechts können Ihnen empfindliche Strafen drohen, weshalb Sie vorsichtig sein sollten, unter welchen Umständen und Voraussetzungen Sie geistiges Eigentum anderer nützen. Gerade im Bereich des Internets herrscht oft noch große Unwissenheit und rechtliche Unsicherheit.

A 31 Lesen Sie den folgenden Zeitungsartikel und diskutieren Sie anschließend mit Ihrer Partnerin oder Ihrem Partner über folgende Fragen:

- Wie sehen Sie selbst Ihre private Mediennutzung hinsichtlich des Urheberrechts?
- Finden Sie die Regelungen bezüglich des Urheberrechts zu streng?
- Was spricht für/was gegen eine Liberalisierung dieser Gesetze?
- Welche Meinung haben Sie zu Vereinen wie dem genannten CCC?

Der Abmahnerabmahner

Von Kai Biermann | 23.08.2016

Die Abmahnung von Urheberrechtsverletzungen ist ein Geschäft. Viele zahlen, auch wenn sie nichts getan haben. Der Abmahnbeantworter des CCC bietet kostenlose Hilfe.

Kopieren kann man nicht nur Bilder und Musik, sondern auch hilfreiche Briefe gegen unberechtigte Abmahnungen.

Wegen einer vermeintlichen Urheberrechtsverletzung eine Abmahnung zu verschicken, ist ein hinterhältiges Geschäftsmodell. Ganze Rechtsanwaltskanzleien haben sich darauf spezialisiert, macht es doch kaum Arbeit und bringt viel Geld. Viele der Abgemahnten bezahlen die Forderung, auch wenn sie gar nichts getan haben. Weil sie nicht wissen, wie sie sich wehren sollen. Weil sie einen Rechtsstreit und damit noch höhere Kosten fürchten.

Selbst die Nutzung von gemeinfreien Lizenzen wie Creative Commons schützt nicht davor, abgemahnt zu werden, wenn man nicht genau aufpasst. Diesem Missbrauch des Urheberrechts wollen zwei Vereine jetzt etwas entgegensetzen: Dank des Abmahnbeantworters des Chaos Computer Clubs (CCC) und des Freifunk können Betroffene die Anwälte mit ihren eigenen Waffen schlagen – solange sie zu Unrecht abgemahnt wurden. Wenige Klicks genügen, alles ist rechtlich sauber und Geld kostet es auch nicht.

Insgesamt sechs Fragen müssen Betroffene beantworten. Die erste ist die wichtigste: „Sie sind sicher, diese angebliche Urheberrechtsverletzung nicht begangen zu haben?“ Nur dann kann die Seite wirklich helfen. Wer sich unsicher ist, der solle doch lieber einen Anwalt suchen, heißt es dort. Anschließend gibt es eine Weiterleitung zu Suche nach spezialisierten Kanzleien.

Doch wer sich sicher ist, dass er zu Unrecht abgemahnt wird, der kommt mit fünf weiteren kurzen Fragen zu einem fertigen Formbrief. Dieser beschreibt anhand der Antworten auf die Fragen kurz und freundlich, warum der Betroffene die Urheberrechtsverletzung nicht begangen haben kann. Außerdem fordert er den Anwalt auf, seine Abmahnung zurückzunehmen. Der Brief muss nur noch ausgedruckt und an den abmahnenden Anwalt geschickt werden.

Ein Versuch, Abmahner abzuschrecken

„Gerade Freifunker, Betreiber von Flüchtlingsunterkünften und Freiwillige aus der Torcommunity sind nicht selten Leidtragende von unberechtigten Abmahnungen, die das Anbieten von Infrastruktur für freie und offene Netze zunehmend erschweren“, schreiben CCC und Freifunk. Sie meinen Fälle, in denen die Betreiber solcher Infrastruktur für angebliche illegale Downloads der Nutzer abgemahnt werden. „Dagegen wollen und sollten wir uns wehren.“

Rechtlich ist der mit dem Abmahnbeantworter erstellte Formbrief ein erster Schritt zu einer sogenannten negativen Feststellungsklage. Er zwingt den abmahnenden Anwalt, seine Abmahnung zurückzunehmen. Tut er das nicht fristgerecht, kann der Brief die Grundlage der Feststellungsklage sein – bei der der abmahnende Anwalt vor Gericht beweisen müsste, dass der Abgemahnte die Vorwürfe wirklich begangen hat. Für die Kanzlei ist das sehr viel aufwändiger als eine einfache Abmahnung.

Die Seite sei ein Versuch, etwas gegen das Geschäftsmodell der Massenabmahnungen zu tun, schreibt der CCC. Das lebe von unberechtigten Forderungen, die von eingeschüchterten Unschuldigen aus Sorge unwidersprochen beglichen werden. „Der Abwehraufwand für zu Unrecht Abgemahnte sinkt, während der Aufwand für die automatisiert abmahnenden Kanzleien steigt – mit jedem Widerspruch, den sie erhalten.“

QUELLE: http://www.zeit.de/digital/internet/2016-08/urheberrecht-abmahnung-geschaeft-chaos-computer-club-hilfe; (abgerufen am 10.05.2017)

Zwischenstopp

Sie sollten jetzt folgende Teilkompetenzen erworben haben:
- Zitate unter Berücksichtigung gewisser Aspekte aus Originaltexten auswählen können
- Zitate in Ihre Texte passend einbauen können
- über das Urheberrecht in Zusammenhang mit dem Internet und Urheberrechtsverletzungen sprechen können

Zusammenfassung

Die Kunst des Vortrags, auch **Rhetorik** genannt, beinhaltet die drei Säulen **Ethos** (Persönlichkeit/ Glaubwürdigkeit der Rednerin/des Redners), **Logos** (logische Argumentation) und **Pathos** (emotionale Ebene). Besonders **politische Reden** zielen auf das Erzeugen starker Emotionen ab, um das Publikum zu beeinflussen. Häufig starten sie mit einem „**Haken**", der zu Beginn das Interesse des Publikums auf sich zieht.

Das Konzept der **Intertextualität** bezeichnet die Tatsache, dass Texte immer einen Bezug zu anderen bereits existierenden Texten aufweisen. Der Text, an dem gerade gearbeitet wird, wird als **Phänotext** bezeichnet, mitbestimmende Texte als **Genotexte**. Genotexte können wiederum in **Subtexte** (zugrundeliegende Texte) und **Prätexte** (vorausgehende Texte) unterteilt werden.

In den einzelnen Textsorten kommen unterschiedliche **stilistische Elemente** vor, die Ihnen vertraut sein sollten. Dazu gehören der **Appell** (die Aufforderung zur Handlung), die **Verstärkung** und die **Übertreibung**, die **Argumentation** und ihre **Begründung** sowie das Resümee.

Durch das Internet kann fremdes geistiges Wissen problemlos gefunden und genutzt werden, was die Entstehung von **Plagiaten** vorantreibt. **Geistiges Eigentum** ist schützenswert und der Umgang damit sollte verantwortungsvoll erfolgen. Gerade in Hinsicht auf diese Möglichkeit sollte Gegenwartsliteratur, die in diesem Bereich ansässig ist und klar auf andere Texte verweist bzw. diese verwendet, als Vorbild dienen.

Die Auswahl von **Zitaten aus Originaltexten** und der **Einbau dieser Zitate** in den eigenen Text können eine große Herausforderung darstellen. Um allerdings gewisse Aspekte klar zu illustrieren, machen direkte Zitate Sinn, wobei Sie darauf achten müssen, diese nicht nur isoliert (also ohne Kontext) darzustellen, sondern sie sinnvoll einzubauen.

Das **Urheberrecht** gehört in Zeiten der modernen Medien zu den meistdiskutierten Themen, da der Schutz dieser Rechte immer schwieriger und die Rechtslage für den einzelnen nahezu unübersichtlich wird. Bei **Verletzungen des Urheberrechts** drohen allerdings teilweise harsche Konsequenzen, weshalb Sie gut beraten sind, sich über die in Ihrem Land gültige Rechtslage zu informieren.

Mündliche Maturafrage: Gegenwartsliteratur/Medien und Literatur (Themenpool)

Thema: Gegenwartsliteratur und Intertextualität

1 Beantworten Sie die mündliche Maturafrage. Sie haben 15 Minuten Vorbereitungszeit.

Sprechen Sie über folgende Aufgabenstellung:
- **Geben Sie** die Eckpunkte der Kritik an *Axolotl Roadkill* aus Textbeilage 1 **wieder**.
- **Ordnen Sie** diese Aussagen dem Inhalt und dem Stil des Romans *Axolotl Roadkill* von Helene Hegemann zu.
- **Erklären Sie** in diesem Zusammenhang den Begriff „Intertextualität“.
- **Kommentieren Sie** die Kritik von Lothar Struck, indem Sie auch auf Ihre eigene Analyse des Romans eingehen.

Textbeilage 1

Das Feuilleton als Affirmationsboutique für posierende Wohlstandsverwahrloser

Von Lothar Struck | 28.01.2015

Lothar Struck über Helene Hegemann und ihr umstrittenes Schriftstück „Axolotl Roadkill“

Schade, dass der Untertitel „Jugendbuch für die Infantilgesellschaft“ schon durch Elfriede Jelineks „Michael“ besetzt ist – es wäre eine gelungene Beschreibung gewesen für „Axolotl Roadkill“. Aber das Marketing war trotzdem verdammt gut.

Helene Hegemanns Buch (wir lassen ihr der Einfachheit halber die Autorschaft) wurde von der Kritik bereitwillig in die Kategorie „dirty young girl“ rubriziert und entsprechend gefeiert. Letzteres vermutlich, weil die Lebenswirklichkeiten der Rezensenten vollkommen andere sind. Exotik hilft ja (fast) immer, auch wenn sie die Gefahr der Verklärung birgt. Und vielleicht kann man seine Kindheit in dieser Urenkelin von Pippi Langstrumpf wiederbeleben. Nur dass die Villa Kunterbunt „Berghain“ heißt und aus Herrn Nilsson ein Axolotl in einer Plastiktüte geworden ist.

Da plappert die 16-jährige lebenszornige Göre Mifti in einer Mischung aus Altklugkeit, Verkommenheit und Hilfeschrei und taucht in die Berliner Technoszene mit Lebensekel und Wut ein. Sie lebt in einer merkwürdigen WG mit ihren Geschwistern. Schule war gestern (die Schuldirektorin wird mit übelsten Beschimpfungen versehen – klar, Schuld sind immer die Lehrer), aber die finanzielle Versorgung ist offensichtlich kein Problem: irgendwo ist ein 500 Euro-Schein und sie weiß, wo der Nachschub in Papas Wohnung liegt. Die Masse sozialer Härtefälle, mit der man in der U-Bahn konfrontiert ist, stören natürlich. Markenklamotten sind nötig. Weitere Ingredienzien sind Sperma, Ketamin, Heroin, Blut, Kotze und Bacardi-Cola (für 12 Euro). Und schon haben die literarischen Alchemisten wieder ihren Stein der Weisen gefunden.

Vordergründig schockiert zunächst die Fäkal- und Gossensprache, was natürlich gewünscht ist. Die Kritik verbuchte dies eilig unter ihrer Lieblingskategorie, der Authentizität. Hierzu hat Wolfram Schütte Kluges geschrieben. Als sich herausstellte, dass das Leben mindestens teilweise von einem Blogger gelebt war, wurde überraschenderweise die Vorwärtsverteidigung gewählt. Der Ladendieb wurde zum Sozialrevolutionär umgedeutet. Und jetzt zahlte sich Hegemanns eingestreuter Kulturbetriebsjargon aus. Diese Kuscheltaktik ist scheinbar unschlagbar. […]

Einerseits erfolgt insbesondere auf den letzten dreißig, vierzig Seiten (die nicht die besten sind) die autobiografische Legitimation für den diagnostizierten Lebensekel. Diese versnobte Kaputtheit, mit der da kokettiert wird. Am Ende muss sogar der Hass der toten Mutter auf Mifti, mit der diese ihren Zorn begründet, abgeschrieben werden. Nicht nur die Drogen sind synthetisch, auch die Sprache. Zu mehr reicht es dann doch nicht. Andererseits kann natürlich jetzt mit dem Fiktionalen „argumentiert“ werden. Dass sich hiermit die Chefdeuter selber widersprechen, geht im Getümmel schnell unter.

Das Buch dann letztlich als intertextuelles Kunstwerk über seine Strecke zu retten, zeigt eine erschreckende Ahnungslosigkeit literaturwissenschaftlicher Grundbegriffe – oder ist einfach nur freche Volksverdummung. Natürlich handelt es sich um ein kühl komponiertes und perfekt konstruiertes Buch. Dahingehend ungemein berechnend konzipiert, dass sich die Berufsempörer an den entscheidenden Stellen abarbeiten und lächerlich machen und Berufszustimmer in Jubel ausbrechen können. Aber intertextuell bedeutet mehr, als nur Wörter, Motive oder Handlungsweisen kopieren und dann dem Leser zum Fraß vorzuwerfen. […]

QUELLE: http://www.glanzundelend.de/Artikel/artikelalt/axolotl.htm; (abgerufen am 02.06.2017)

Themenklammer 4: Das Urheberrecht

Auf dem Weg zur Matura

1 Verfassen Sie eine **Zusammenfassung**.

Situation: Sie bereiten sich für eine Debatte im Deutschunterricht zum Thema „Urheberrecht“ vor und haben den folgenden Artikel dazu online gefunden. Sie fassen diesen daher zusammen, um über die rechtlichen Gegebenheiten zum Thema „Urheberrecht“ gut informiert zu sein.

Lesen Sie den Bericht *Werknutzungsrechte und -bewilligungen im Urheberrecht*.

Verfassen Sie nun die Zusammenfassung und bearbeiten Sie dabei die folgenden Arbeitsaufträge:

- **Erklären Sie den Begriff „Urheberrecht“ und erklären Sie in eigenen Worten, wer ein Werk nutzen darf.**
- **Zeigen Sie den Unterschied zwischen Werknutzungsbewilligungen und -rechten auf und stellen Sie dar, weshalb die Unterscheidung der Begriffe wichtig ist.**
- **Formulieren Sie Konsequenzen, die sich aus der Nichtbeachtung des Urheberrechts ergeben können.**

Schreiben Sie zwischen 270 und 330 Wörter. Markieren Sie Absätze mittels Leerzeilen.

Textbeilage 1

Werknutzungsrechte und -bewilligungen im Urheberrecht

Stand: 06.06.2017

Was ist ein Werk im Sinne des Urheberrechts?

Unter einem Werk versteht man im Urheberrecht **„eigentümliche geistige Schöpfungen“** auf den Gebieten der Literatur, der Tonkunst, der bildenden Künste und der Filmkunst. Diese genießen jedenfalls dann Schutz, wenn es sich nicht um herkömmliche (landläufig seit jeher übliche) Gestaltungen handelt. Sie müssen demnach eine gewisse Originalität – also schöpferische Eigenart – aufweisen. In jüngerer Zeit lässt sich beobachten, dass zunehmend auch „einfacheren Werken“ urheberrechtlicher Schutz zuerkannt wird.

Gängige **Beispiele** für Werke, die diese Kriterien regelmäßig erfüllen, sind Werbetexte, Grafiken & Layouts, Fotografien, einprägsame Tonabfolgen („Jingles“), Kurzfilme sowie komplexere Computerprogramme.

Wer darf ein Werk im Sinne des Urheberrechts nutzen?

Das Urheberrecht bestimmt, dass **die meisten Verwertungsarten dem Urheber vorbehalten** bleiben. Insofern darf alleine dieser das Werk vervielfältigen, öffentlich verbreiten, online stellen, usw. Einem Dritten ist die Verwertung erst gestattet, nachdem mit dem Urheber eine entsprechende Nutzungsvereinbarung getroffen wurde.

In der Praxis werden solche Vereinbarungen häufig als **Lizenzverträge** bezeichnet. Um klare rechtliche Verhältnisse zu schaffen, empfiehlt es sich, diese **ausdrücklich und in Schriftform** festzuhalten. Andernfalls ist es überaus schwierig festzustellen, welche Rechte vom Urheber konkret eingeräumt wurden.

Der Urheber kann anderen Personen das Recht zu **Unterlizensierungen** gewähren. Ebenso hat er die Möglichkeit, die Wahrnehmung seiner Rechte von **Verwertungsgesellschaften** erledigen zu lassen.

Wodurch unterscheiden sich Werknutzungsbewilligungen und -rechte?

Wie soeben erwähnt, ist das **Ausmaß der übertragenen Nutzungsrechte weitestgehend Vereinbarungssache.** Im Zweifel gehen Gerichte tendenziell davon aus, dass der Urheber seinem Vertragspartner nur eine eng gefasste **„Werknutzungsbewilligung“** eingeräumt hat. Das bedeutet, dass das Werk lediglich für den konkret (ausdrücklich oder schlüssig) vereinbarten Zweck (z. B. Nutzung von Bildern, Texten oder Grafiken für eine bestimmte Werbeaussendung) genutzt werden darf. Der Urheber selbst ist in diesem Fall nicht daran gehindert, dasselbe Werk auch anderweitig zu verwerten.

Demgegenüber entfaltet ein **„Werknutzungsrecht“** ausschließliche Wirkung. Das bedeutet, dass die Nutzung alleine dem Lizenznehmer zustehen und jede parallele Verwertung ausgeschlossen sein soll. Flankierend ist es aus Sicht des Lizenznehmers oftmals ratsam, sich über den Anlassfall hinaus möglichst umfassende Nutzungsmöglichkeiten auszubedingen.

Überhaupt ist es **wichtig, präzise zwischen den einzelnen Nutzungsarten zu unterscheiden**: Möchte ein Auftraggeber beispielsweise geschützte Grafiken, die er von einer Werbeagentur anlässlich einer Werbeaussendung anfertigen hat lassen, sodann auch für seinen Internetauftritt nützen, so bedarf er hierfür einer gesonderten zusätzlichen Genehmigung. Um Streitigkeiten und schwierigen Rechtsfragen vorzubeugen, mag außerdem eine Klarstellung dahingehend ratsam sein, dass Nutzungsrechte im Falle einer Unternehmensveräußerung bzw. gesellschaftsrechtlichen Umstrukturierung (z. B. Einbringung, Abspaltung) ohne Weiteres auf den neuen Rechtsträger übergehen.

Durch **vorausschauende Vereinbarungen** können also bereits vorweg die Weichen für künftige unternehmerische Vorhaben gestellt werden, ohne dass jedes Mal aufs Neue mit dem Urheber (bzw. einem anderen Rechteinhaber) über die Ausweitung von Lizenzrechten verhandelt werden muss.

Achtung:

Liegt kein uneingeschränktes und zeitlich unbefristetes Werknutzungsrecht vor, so darf ein Werk nur für den Zweck genutzt werden, der aus dem zu Grunde liegenden Auftrag abgeleitet werden kann. Der Werknutzungsberechtigte erwirbt also im Zweifel nicht mehr Rechte, als für den praktischen Zweck der vorgesehenen Werknutzung erforderlich.

Welche Folgen drohen bei einer Urheberrechtsverletzung?

Wer geschützte Werke nutzt, ohne dass ihm zuvor die (hinreichenden) Rechte eingeräumt wurden, ist zahlreichen Ansprüchen ausgesetzt: Insbesondere kann er auf **Unterlassung**, **Beseitigung**, **Urteilsveröffentlichung** sowie ein **angemessenes Entgelt** geklagt werden. Ebenso besteht die Pflicht zur Rechnungslegung und Auskunftserteilung. Die genannten Ansprüche sind verschuldensunabhängig.

Darüber hinaus drohen verschuldensabhängige **Schadenersatzansprüche**, die eine Entschädigung auch für erlittene Kränkungen sowie entgangenen Gewinn begründen können. Der Schadenersatzanspruch beträgt zumindest das Doppelte des angemessenen Entgeltes. Vorsätzliche Urheberrechtsverletzungen können äußerstenfalls sogar strafrechtlich geahndet werden, wenn dies der in seinen Rechten Verletzte verlangt.

Achtung:

Die Haftung eines Unternehmers erstreckt sich ebenso auf Handlungen seitens seiner Beauftragten (insb. Dienstnehmer), sofern die Urheberrechtsverletzung in seinem Betrieb stattgefunden hat. […]

QUELLE: https://www.wko.at/service/wirtschaftsrecht-gewerberecht/urheberrecht.html; (abgerufen am 12.08.2017)

Auf dem Weg zur Matura

2 Verfassen Sie eine **Erörterung**.

Situation: Da Ihre Klasse des Öfteren Museen und Ausstellungen besucht und dort gerne fotografiert, wurde im Deutschunterricht darüber diskutiert, ob das Fotografieren und anschließende Weiterverwenden dieser Fotos generell für Besucher solcher Ausstellungen erlaubt sein sollte oder nicht.

Lesen Sie den Zeitungsartikel *Kunst und Urheberrecht: Wir sind Tarzan im Copyright-Dschungel.*

Verfassen Sie nun die Erörterung und bearbeiten Sie dabei die folgenden Arbeitsaufträge:

- **Fassen Sie unter Verwendung des Inputtextes kurz zusammen, wie die rechtliche Situation hinsichtlich des Fotografierens in Museen und an ähnlichen Orten aussieht.**
- **Erläutern Sie, für welche Zwecke solche Fotos weiterverwendet werden könnten und zeigen Sie mögliche Probleme dieser Weiterverwendung auf.**
- **Argumentieren Sie, weshalb Sie für oder gegen das Fotografieren an solchen Orten sind und begründen Sie Ihre Meinung.**

Schreiben Sie zwischen 540 und 660 Wörter. Markieren Sie Absätze mittels Leerzeilen.

Textbeilage 2

Kunst und Urheberrecht: Wir sind Tarzan im Copyright-Dschungel

Von Julia Voss | 30.07.2016

Einerseits bieten Museen Selfie-Stationen an, andererseits werden Fotos untersagt. Was ist denn nun eigentlich erlaubt? Rechtsanwalt Florian Schmitdt-Gabain im Gespräch über Urheberrechte und Selfies vor Kunstwerken.

Fotografieren Sie in Kunstmuseen?

Florian Schmidt-Gabain: Ja, sehr gerne. Ich fotografiere vor allem aus zwei Gründen. Zum einen sind Fotos gute Gedächtnisstützen, wenn ich mir ein Werk merken will. Zum anderen begannen meine Freundin und ich vor einiger Zeit, uns gegenseitig vor Museumswerken zu fotografieren und die gezeigten Personen auf Gemälden nachzuahmen. Wir hoffen, unsere Enkelkinder werden eines Tages Spaß an dem immer umfangreicher werdenden Album haben.

Viele Museen scheinen dazu ein zwiespältiges Verhältnis zu haben: Einerseits bieten sie Stationen an, wo ausdrücklich Selfies gemacht werden sollen. Andererseits werden Besucher häufig in den Räumen ermahnt, dass das Fotografieren nicht gestattet sei. Was sagt das Urheberrecht dazu?

Das Urheberrecht ist in aller Regel nicht der Grund für solche Ermahnungen. Zwar stellt das Fotografieren eines urheberrechtlich geschützten Werks grundsätzlich eine genehmigungspflichtige Handlung dar. Doch kennt dieser Grundsatz zahlreiche Ausnahmen. Unter anderem, dass Fotografieren für private Zwecke erlaubt ist. Den allermeisten Museumsbesuchern gestattet es das Urheberrecht also, Fotos zu machen. Und sobald es sich um ein Werk handelt, dessen Künstler vor mehr als siebzig Jahren gestorben ist, spielt das Urheberrecht ohnehin keine Rolle mehr. Ab diesem Zeitpunkt wird nämlich jedes Werk gemeinfrei.

Warum aber heißt es in Museen trotzdem häufig, das Fotografieren sei verboten?
Ein Grund für Fotografieverbote ist der konservatorische Schutz der Werke. Solche Verbote betreffen aber meistens nur das Fotografieren mit Blitz. Ein anderer, viel wichtigerer Grund für Fotografieverbote sind die Leihgeber eines Museums. Leiht ein Museum ein Werk für eine Ausstellung aus, kommt es nicht selten vor, dass der Leihgeber ein Fotografieverbot aufstellt. Ich stehe solchen Leihgeberverboten skeptisch gegenüber. Mir fällt es schwer einzusehen, was der Vorteil für den Leihgeber ist, wenn sein Werk nicht fotografiert werden darf. Hier dürften Museen in den Verhandlungen mit den Leihgebern durchaus etwas selbstbewusster auftreten und sollten nicht jedes Fotografieverbot akzeptieren, aus Angst, die Leihgabe nicht zu erhalten.

Ist in ständigen Sammlungen das Fotografieren demnach erlaubt?
Grundsätzlich ja. Aber auch in der ständigen Sammlung können sich Leihgaben befinden. Zudem hat ein Museum natürlich immer aus seinem eigenen „Hausrecht" die Möglichkeit, das Fotografieren zu verbieten. Davon möchte ich den Museen aber abraten. Gerade für junge Leute gehört das Fotografieren im Museum heute einfach dazu. Und junge Besucher benötigen die Museen dringend.

Gibt es nationale Unterschiede?
Ja, jedes Land dieser Welt kennt sein eigenes Urheberrecht. Aufgrund zahlreicher inter- und supranationaler Abkommen ist das Urheberrecht aber im Vergleich zu anderen Rechtsgebieten sehr standardisiert. Die größten Unterschiede gibt es bei den Ausnahmen vom Urheberrechtsschutz. So ist etwa die Schutzausnahme des bereits erwähnten Privatgebrauchs in keinem Land genau gleich geregelt.

Was passiert, wenn ich das Bild auf meinen Instagram-Account hochlade?
Im Internetbereich ist in Bezug auf das Urheberrecht vieles unklar. Eine Art Dschungel, durch den es noch gilt, Pfade zu schlagen. Grundsätzlich lässt sich sagen, dass das Hochladen eines im Museum gemachten Fotos eines urheberrechtlich geschützten Werks genehmigungspflichtig ist. Es gilt jedoch wiederum ein „Aber" anzubringen. Und zwar ein großes, da es viele Schutzausnahmen gibt, die möglicherweise greifen.

Welche Schutzausnahmen gibt es?
Private könnten zum Beispiel versuchen, sich auf zulässigen Privatgebrauch zu stützen oder die Aktualitätsausnahme in Anspruch nehmen. Diese sagt, dass es gestattet ist, ohne Genehmigung urheberrechtlich geschützte Werke zu verwenden, wenn man über ein aktuelles Ereignis berichtet. Bevor es soziale Medien gab, konnten sich eigentlich nur Medienhäuser auf diese Ausnahme stützen. Aber mit den heutigen technischen Möglichkeiten, ist jeder in der Lage, über aktuelle Ereignisse zu berichten. Wieso sollte sich dann nicht auch jeder auf die Aktualitätsausnahme berufen dürfen? Ich habe die Erfahrung gemacht, dass gerade ältere Kollegen von mir Nutzungen in sozialen Medien viel kritischer gegenüberstehen als ich. Den privaten Instagrammern empfehle ich aber, nicht zu viel Angst vor dem urheberrechtlichen Internetdschungel zu haben: Tarzan hat das interessantere Leben als die Maus, die sich aus Angst, gegessen zu werden, in ihrer Höhle versteckt. Als Leitschnur würde ich das kommerzielle Interesse nehmen. Lädt man etwas hoch, um damit direkt oder indirekt Geld zu verdienen, ist es eher nicht erlaubt. Ansonsten schon.

Was ist, wenn ich ein Museumsbild mit Freunden über Facebook teile?
Hier gilt dasselbe wie bei Instagram.

... oder es auf einen Schlips oder die Kaffeetasse drucken lasse?

Davon würde ich aus Geschmacksgründen abraten. Aus urheberrechtlicher Sicht kommt es wiederum auf die Art der Verwendung des Schlipses oder der Tasse an. Will man die Schlipse und Tassen verkaufen, braucht man die Genehmigung des Urhebers. Will man nur selbst daraus trinken oder damit auffallen, darf man das auch ohne Genehmigung des Urhebers.

Was kann mir schlimmstenfalls passieren?

Nachdem die Ehefrau den Schlips gesehen hat, reicht sie die Scheidung ein. Im Ernst: Wer in kommerzieller Absicht genehmigungslos geschützte Werke verwendet, riskiert einiges – Schadensersatz, Gewinnabschöpfung, Buße. In besonders krassen Fällen ist auch eine Gefängnisstrafe möglich. Wer aber ein Foto eines geschützten Werks nur auf seine private Facebook-Seite lädt, riskiert auch bei konservativer Auslegung des Urheberrechts nicht viel. Außer, dass er das Foto wieder entfernen muss.

Waren Sie schon einmal genervt von fotografierenden Museumsbesuchern?

Nein. Da ich selbst begeistert fotografiere, muss ich ja mit gutem Beispiel vorangehen.

Florian Schmidt-Gabain ist Rechtsanwalt in Zürich und Lehrbeauftragter für Kunstrecht an den Universitäten Basel und Zürich.

QUELLE: http://www.faz.net/aktuell/feuilleton/kunst/fotografieren-im-museum-wir-im-copyright-dschungel-14357053.html; (abgerufen am 17.05.2017)